Guido Adler
Gustav Mahler

SEVERUS

Adler, Guido: Gustav Mahler
Hamburg, SEVERUS Verlag 2012
Nachdruck der Originalausgabe von 1916

ISBN: 978-3-86347-259-7
Druck: SEVERUS Verlag, Hamburg, 2012

Der SEVERUS Verlag ist ein Imprint der Diplomica Verlag GmbH.

Bibliografische Information der Deutschen Nationalbibliothek:
Die Deutsche Nationalbibliothek verzeichnet diese Publikation in der Deutschen Nationalbibliografie; detaillierte bibliografische Daten sind im Internet über http://dnb.d-nb.de abrufbar.

© **SEVERUS Verlag**
http://www.severus-verlag.de, Hamburg 2012
Printed in Germany
Alle Rechte vorbehalten.

Der SEVERUS Verlag übernimmt keine juristische Verantwortung oder irgendeine Haftung für evtl. fehlerhafte Angaben und deren Folgen.

SEVERUS

Gustav Mahler

Von

Guido Adler

Vorwort.

Die im XVI. Bande des „Biographischen Jahrbuches und Deutschen Nekrologes" 1914 veröffentlichte Studie über Gustav Mahler erscheint hier in unveränderter Fassung. Wie der Herausgeber des Jahrbuches, Dr. Anton Bettelheim im Vorwort hervorhebt, war mein Manuskript schon Anfang Oktober 1913 der Druckerei übergeben worden. Ich habe keinen Anlaß, in meiner Arbeit Änderungen vorzunehmen. Kürzungen oder Einschiebungen würden die Proportionen verschieben und die Anlage des Ganzen alterieren. Die Studie war das Ergebnis langer Vorarbeiten und meiner Erfahrungen und Erlebnisse, die meinen Freund von der Jugend bis zum Grabe begleiteten. Unentwegt, nur behindert durch räumliche Entfernungen, hielt unsere Freundschaft durch. Die von einem Schriftsteller aufgestellte Behauptung, daß „niemand Gustav Mahler wirklich oder ganz gekannt habe", sehe ich lediglich als offenes Selbstbekenntnis des Schreibers an. Wer dem Künstler und Menschen in jahrzehntelangem, trautem Verkehre folgen konnte, den intimsten Gedankenaustausch mit ihm pflegte, dem gleichen Kulturkreise angehörte, wird wohl billigerweise den Anspruch erheben dürfen, Einblick in das innerste Wesen Mahlers gewonnen zu haben. Allein solch Ergebnis kann nicht so sehr durch persönliche Beziehungen erreicht, als vielmehr durch methodisch-kunstwissenschaftliches Vorgehen geläutert und gefestigt werden.

Die Mängel solcher Behandlung in der musikbiographischen Literatur sind geradezu ungeheuerlich und ein Krebsschaden unserer Wissenschaft. Nur wer den roten Faden durch das Leben und Wirken eines Künstlers wie Mahler zu ziehen vermag, kann in seine vielverschlungenen Seelenwege eindringen, seine menschliche und künstlerische Artung aufdecken. Daß dabei Freundesliebe nicht hinderlich ist, nicht blind macht, bedarf nicht der Hervorhebung. Forschergewissen und Wahrheitstreue bewahren des weiteren vor der Gefahr der Verstellung, nichtiger Entstellung des Tatbestandes. Das sicherste Schutzmittel ist historische Schulung und wissenschaftliche Erfahrung. Eine Erweiterung dieser Studie hätte eine völlige Neuarbeit, ein völlig Neues zutage fördern müssen. Ich will mir vor der Öffentlichkeit das Geständnis machen, daß dies nicht notwendig war. Ausdehnung oder Ausfüllung erhöht nicht den Wert einer Arbeit. Jedwede Erörterung meiner persönlichen Beziehungen blieb schon aus dem Grunde ausgeschlossen, weil es meine Absicht war, das Bild von höherer Warte aus ins Auge zu fassen. Für eine streng historische Arbeit ist der Stoff derzeit noch nicht geeignet. Vielleicht wird die Zukunft keine Änderungen der von mir angestellten Beobachtungen und Feststellungen vorzunehmen haben. Einige nicht unwichtige Korrekturen konnte ich in der chronologischen Tabelle auf Grund dokumentarischer Belege und verläßlicher Nachrichten vornehmen. Im übrigen blieb dieses Gedenkblatt unverändert. Es möge dazu beitragen, das Verständnis für Gustav Mahlers Erscheinung und Werk auch in weiteren Kreisen zu fördern und zu heben.

Wien, im September 1915.

Guido Adler.

Die Geschichte der Musik enthält in den Biographien der Tonsetzer, in der Darstellung ihres Ringens und Kämpfens, der Streitigkeiten um die Geltendmachung ihrer Werke, ihrer Eigenart förmlich ein Stück Kriegsgeschichte. Die Leidenschaften der Parteien werden auf der musikalischen Arena erhöht durch die Ausdrucksarten der Gefühle und Stimmungen, wie sie aus den Tonwerken sich mitteilen, durch die Auffassungsweisen bei der Vorführung der Kompositionen verschiedener Richtungen und Stilarten. Seit dem selbständigeren Hervortreten der Individualität in der Stilperiode der Renaissance, die bis auf unsere Tage reicht, seit dem Überhandnehmen des Subjektivismus in der Tonkunst des 19. Jahrhunderts spitzen sich die Fehden immer mehr zu, verschärft sich der Antagonismus der Anhänger und Gegner. Besonders hitzige Gefechte wurden seit dem 17. Jahrhundert auf dem Gebiete der Oper aufgeführt, die Streitaxt ruhte nie, bald wurde sie wegen eines Werkes, eines Komponisten, bald wegen einer Sängerin, eines Sängers geschwungen. So ist es nicht verwunderlich, wenn die künstlerisch scharf umrissene Persönlichkeit Gustav Mahlers in ihrem hehren Kampfe um Durchsetzung der erhabensten, reinsten Ideale der

Tonkunst, in dem rücksichtslosen Eintreten für
möglichste Vollkommenheit bei der Wiedergabe
der Kunstwerke unserer und vergangener Zeit auf
Widerstände aller Art stieß. Befremdlich war und
ist nur die Art der Angriffe, denen der schaffende
und reproduzierende Künstler ausgesetzt war, die
nur teilweise eine Erklärung, aber keine Recht=
fertigung finden in den niederen Instinkten, der
Gehässigkeit der Widersacher, wie sie auf fast
allen Gebieten des öffentlichen Lebens hervor=
treten, auf keinem mehr als dem der Tonkunst,
wo die „Reizsamkeit" unserer Zeit eine schier
krankhafte Wendung genommen hat. Zum Teil
läßt sich der Hitzegrad und die Animosität der
Geiferer verstehen durch die unerbittlich hinan=
stürmende Willenskraft Mahlers, der weder sich
noch andere schonte, wenn es galt, das durchzu=
führen, was seiner tiefsten und höchsten künst=
lerischen Überzeugung entsprach. Fern von der
Parteien Gunst und Haß kann heute das mensch=
liche und künstlerische Bild Mahlers entworfen
und der Versuch gemacht werden, sein Werk in
den Bildersaal der Geschichte einzuordnen. So
schwer die Aufgabe sein möge, so nahe wir auch
noch dem Zeitbilde stehen, das ihn umgab und
einschloß, so ist die Möglichkeit nicht ausgeschlossen,
auf Grund liebevollen Eindringens das Wesen
des Künstlers zu erfassen und mit Hilfe histori=
schen Vergleichens die Stellung zu kennzeichnen,
die er eingenommen hat. Nicht Werturteile sollen

in Orakeln vorgelegt werden — die wechseln nach der Zeiten Lauf und Gunst —, der Künstler und Mensch in seiner Eigenart und in seinen wechselseitigen Verhältnissen soll aufgedeckt und noch besser: sein Werk soll möglichst klar gekennzeichnet werden, in knappen Umrissen, denn mehr kann hier nicht gegeben werden.

Wer die nachfolgende „chronologische Tabelle" (s. S. 95 fg. — es ist ratsam, sie vorher zu lesen) mit Aufmerksamkeit verfolgt, hat bereits den äußeren Umriß seines Lebens und Schaffens. Die Daten sprechen — das Wort „saxa loquuntur" ließe sich hier auf die starren, dürren, trockenen Jahreszahlen und Tatsachen übertragen, wie sie in förmlich gemeißelter Form erscheinen. Für mich, der das Leben und Wirken Mahlers in freundschaftlicher Teilnahme begleitet hat, war die Zusammenstellung dieser Daten aus Urkunden, Berichten und der Literatur wie ein Schattenriß seiner ganzen Erscheinung. Sie mußte leider in ihrer physischen Gestalt verschwinden, bevor die reiche Seele sich völlig mitgeteilt und ausgesprochen, bevor sein Geist das vollendete, was er der Welt noch zu sagen gehabt hätte. Sein ganzes Leben wird durch plötzliches Abbrechen des Begonnenen und immer wieder neu Angegangenen zerstückelt, und nur seine gewissermaßen riesenhafte Energie brachte es zuwege, daß er neben einer Reihe kleinerer Werke der Moira eine neunzackige Symphonienkrone abgerungen hat.

Von jungen Jahren an war er darauf angewiesen, sein Brot zu verdienen, so sehr seine Eltern darauf bedacht waren, ihm Erleichterung zu verschaffen und Unterstützung zu gewähren. Sie waren bestrebt, bei aller Kleinheit der Verhältnisse ihren Kindern eine sorgfältige Erziehung und gediegene Bildung angedeihen zu lassen. In Iglau, der national umbrandeten deutschen Sprachinsel, wuchs der Knabe heran; er fand reiche musikalische Nahrung in den Volksliedern der beiden Stämme, unter denen er seine Jugend verbrachte. Seine Phantasie wurde angeregt durch die sagenumwobene Waldlandschaft und das muntere Treiben der Garnison, deren Signale symbolische Bedeutung bei ihm gewannen. Morgen- und Abendappell, Rufe und Exerziermotive setzten sich bei ihm in Klangbilder um, die sich um die Gestalt des alten deutschen Landsknechtes verdichteten. Sie tauchen in lebendiger Erfrischung immer wieder auf, auch in Liedern und Instrumentalwerken der späteren Zeit, so in „Reveglie", „Tambour-Geselle", „Der Schildwache Nachtlied", „Der Gefangene im Turm", „Wo die schönen Trompeten blasen", im ersten und dritten Satz der dritten, in dem Variationensatze der vierten Symphonie usw. Daraus erklärt sich auch Mahlers Vorliebe für Marschrhythmen aller Art, die sich in seinen Werken immer wieder finden, Freud und Leid begleiten — die schönste Verklärung findend im ersten Satz der fünften

Symphonie, dem leidenschaftlich erregten Trauermarsch in Cis-Moll, gleichsam eine Steigerung der Stimmung im gleichartigen Satze der "Eroica" von Beethoven.

Wie ein roter Faden gehen die Eindrücke seiner Jugend durch sein Schaffen während des ganzen Lebens. Mit rührender Anhänglichkeit hielt er daran fest, wie er jedem gegenüber Treue und Dankbarkeit bewahrte, der ihm einmal Gutes erwiesen hatte, oder von dem er annahm, daß dem so sei. An seiner Familie hielt er in Pietät fest und sorgte nach dem Tode seiner Eltern gleichsam väterlich für die Bildung seiner Geschwister. Er selbst war von unermüdlichem Bildungseifer erfüllt. Er verschaffte sich Lektüre aller Art, mit besonderer Vorliebe dichterische und philosophische. Hatte er doch einige Zeit daran gedacht, sich auch der Poesie zu widmen. Der musikalische Unterricht in seiner Heimat reichte nicht über die Grundelemente hinaus. Als er mit 15 Jahren an das Konservatorium in Wien kam, brachte er an Begabung mehr mit als an Fertigkeit. So gute Lehrer er da im Klavierspiel und Harmonielehre hatte, so war doch die Anleitung in den höheren theoretischen Fächern (in Kontrapunkt und Komposition) nichts weniger als tiefgründig und zweckentsprechend. Das Talent mußte sich über diese lückenhafte Ausbildung hinwegheben, und Mahler konnte erst in viel späteren Jahren diese Mängel durch eisernen Fleiß und unentwegtes

Selbststudium beheben. Der Junge hatte eine so rasche Auffassung, daß der Lehrgang förmlich in Sprüngen erledigt wurde. Am meisten Gewinn zog er von der anfeuernden Tätigkeit des Direktors der Anstalt, denn dieser wirkte besonders vorbildlich durch den Vortrag der Kammermusik. Das „Hellmesberger=Quartett" beeinflußte uns mehr als aller Unterricht. Der Vortrag der Quartette aus der letzten Periode Beethovens rief tiefere Eindrücke hervor, als alles damals in Wien Gebotene und wirkte auch stilistisch auf alle Schüler der Komposition. Dazu kamen die Orchesterübungen des Konservatoriums unter der Leitung des Direktors. Die Atmosphäre des „Musikvereins" mit seinen geringen Mitteln und dem bewundernswerten Opfermut war förderlich in bezug auf Wiedergabe von Tonwerken, und die besten Kapellmeister gingen damals aus der Wiener Schule hervor. Mahler konnte nicht viel hören, da seine Mittel mehr als beschränkt waren. Fast alle Opern, die er später im Dienste des Tages dirigieren, „herausbringen" mußte, so gut es ging, hat er erst in eigener Praxis kennen gelernt. So konnte er original bleiben in der Auffassung und sich in jedes Werk kraft der ihm eigenen Intuition stilistisch einfühlen und einleben. Den herrlichsten Orchesterklang konnte er in den unendlich mannigfaltigen Schattierungen bei den Wiener Philharmonikern kennen lernen — dem Genie genügt auch der rasche, seltene Einblick, und es eröffnet sich ihm eine Perspektive ins Unabsehbare. Wenn er in den engsten Kunstgassen kleiner österreichischer Provinzstädte Opern mit Drittelbesetzung der erforderlichen instrumentalen Mittel, bei völligem Mangel der nicht ganz gewöhnlichen Orchesterinstrumente zum Lampenlicht befördern, Stimmen umschreiben, übertragen, einrichten mußte, dann lechzte das innere Ohr nach Vervollständigung und ebenmäßiger Darbietung, wie ein Durstender nach Wasser. Da lernte er die Not kennen, die so sehr drückt, wie wenn ein Vater seine Kinder nicht ernähren kann. Diese Entbehrungen wirkten dann, als Mahler an die Spitze von vollkräftigen, gutsituierten und fundierten Instituten gestellt war, insofern nach, als er von den zu Gebote gestellten Kräften das äußerste Maß von Dienstleistung erforderte — denn im Dienste der Kunst, eines Werkes, schien ihm keine Forderung zu hoch, um das Erreichbare zu erringen, nicht wegen des äußeren Erfolges, nur zur Befriedigung des inneren Triebes und zur Erfüllung der Pflicht, die ihm heilig war.

Mit 24 Jahren kam er in Kunstinstitute, die höheren Ansprüchen nachkommen konnten: als zweiter Kapellmeister in Kassel, dann in Prag und Leipzig. Da dirigierte er Opern von Weber, Marschner, Meyerbeer (Kassel), von Cherubini, Mozart, Beethoven, Wagner, Gluck (Prag), sogar Mozart- und Wagner-Zyklus (Leipzig). Er studierte die schwierigsten Werke neu ein und be=

tätigte sich auch als Konzertdirigent, sogar der 9. Symphonie von Beethoven, mit deren Leitung er in Prag einen so tiefen Eindruck hervorrief (ich wohnte, damals Professor der deutschen Universität, der Aufführung bei), daß ihm von akademischen Kreisen (auf Veranlassung des Pathologen Philipp Knoll, eines politischen Führers der Deutschen in Böhmen) unter Beteiligung der übrigen Gesellschaftskreise eine Adresse überreicht wurde, die der Bewunderung und Dankbarkeit für den fünfundzwanzigjährigen Dirigenten denkwürdigen Ausdruck gab. Bei einem im vorhergegangenen Sommer in München veranstalteten Musikfest hatte Mahler auch begeisterte Zustimmung erhalten. Der ehrgeizige junge Künstler suchte nach einem größeren, selbstständigeren Wirkungskreise und fand diesen als Direktor der Königlichen Oper in Budapest. Er, der in zweiter Stellung in Prag (neben Kapellmeister Slansky als erstem), in Leipzig (neben Arthur Nikisch) gewirkt hatte, fühlte seine Schwingen kräftig genug, um sich zu einer ersten Stellung emporzuheben. Es war ihm darum zu tun, Werke dirigieren zu können, die seinen Neigungen entsprachen, und die er frei wählen konnte. Die Theater in Leipzig und Prag sind Privattheater, werden wohl subventioniert (von der Stadtgemeinde in Leipzig, von dem Landesausschuß in Prag als „Kgl. deutsches Landestheater"), allein die Pächter haben mehr oder

minder freies Verfügungsrecht, besonders in
Engagements, und sind ganz ungebunden in der
künstlerischen Leitung. Angelo Neumann in Prag,
Staegemann in Leipzig waren geschickte Theater=
leiter und wußten sich zu behaupten, was in Prag
um so schwieriger war, als in der national zer=
klüfteten Stadt das deutsche Theater unter der
Konkurrenz des tschechischen Nationaltheaters zu
leiden hatte, eine bedeutend geringere Dotation
bezog als das tschechische Theater und ein viel
kleineres Publikum hatte, das allerdings sehr
theaterfreundlich war und ist. Das Orchester war
nicht erstklassig und konnte nicht in der Weise ge=
hoben werden, wie dies Mahler und andern er=
wünscht schien. Mahler konnte in beiden Städten
die Findigkeiten eines „impresario in angustie"
kennen lernen. Er eignete sie sich nicht an und
blieb zeitlebens ein geradliniger, nur künstlerische
Ziele verfolgender Mann. Er hätte es am liebsten
mit dem großen Haendel gehalten, der als Opern=
leiter untaugliche Sänger sofort entfernte oder
gar eine unbotmäßige Sängerin zum Fenster hin=
aushielt, als ob er sie ganz fallen lassen wollte.
Ernste, eifrige Darsteller fanden in ihm den hin=
gebungsvollsten Instruktor und Führer. Dies hatte
sich schon in seiner bisherigen Tätigkeit gezeigt.
Somit konnte auf eine an mich von dem in Buda=
pest als Professor des Cellospieles wirkenden
David Popper (einem gebürtigen Prager) ge=
richtete Anfrage (die im Namen mehrerer ein=

flußreichen Pester Künstler gestellt wurde, darunter Edmund v. Mihalovich) die beruhigende Auskunft und sichere Erklärung gegeben werden, daß Mahler als Künstler und Mensch zu der Stellung eines Opernleiters vollkommen geeignet sei und sein Organisationstalent sich jedenfalls entfalten werde. Diese meine Überzeugung bewahrheitete sich in glänzendster Weise, und ihr konnte abermals voller Ausdruck gegeben werden, als Mahler später nach Wien kommen sollte und der Intendant Baron Bezecny diesfalls wegen seiner Zweifel sich an dieselbe Seite wandte.

In Pest gab es schwere Arbeit: die im Jahre 1884 eröffnete königlich ungarische Oper — bis dahin waren Oper und Schauspiel im „Nationaltheater" vereinigt — war Ende 1887 „bei ihrer ersten künstlerischen und finanziellen Krise angelangt". Mahler machte dem Gast- und Starsystem ein jähes Ende und suchte mit den dort zur Verfügung stehenden Kräften ein Ensemble zu schaffen, das dem Statut gemäß in ungarischer Sprache einheitliche Leistungen bieten sollte. In den zwei Jahren seiner Wirksamkeit gelang ihm dies soweit, daß er „das ungeschulte Material zu staunenswerter stilistischer Sicherheit führte" (Bericht des Dr. Bela Diósy). Nur im hochdramatischen Fach mußte er aushilfsweise deutsche Sängerinnen heranziehen, die in italienischer Sprache singen mußten. So hoch gingen die chauvinistischen Wogen. Das Repertoire umfaßte

Opern, die in würdiger Weise nur ein erstklassiges Institut auszuführen imstande ist — deutsche, französische, italienische und auch ungarische. „Die künstlerische Höhe der Aufführungen — in denen auch das phänomenale Regietalent Mahlers in Erscheinung trat — wurde von der königlichen Oper nie wieder erreicht." „Die Darbietungen des Orchesters wurden zu einer bis dahin ungeahnten Vollendung gebracht." Das Theater wurde „finanziell saniert, künstlerisch zur glänzendsten Ära erhoben." Die besten Musiker der Stadt — v. Mihalovich, Hubay, Koeßler, v. Herzfeld u. a. — leisteten begeistert Folge, ebenso wie das Publikum soweit es nicht aus Anhängern des „ancien régime", aus gestürzten einheimischen Größen bestand oder nur aus chauvinistischer Opposition gegen den „deutschen" Künstler Stellung nahm. Die eiserne Energie, die nur künstlerische Ziele verfolgende, persönliche Ambitionen nicht schonende eherne Disziplin hatte auch Mißstimmungen zur Folge. Als Regierungskommissär Stephan v. Benicky, der Vorgesetzte des Direktors, der mit Verständnis der aufopferungsvollen Tätigkeit gefolgt war, sein Amt mit dem eines Obergespans des Pester Komitates vertauschte und der einarmige Klaviervirtuose und Komponist Graf Geza Zichy, „ein hochfahrender Magnat" zum Intendanten ernannt wurde und die „Direktionsagenden ganz oder zum Teil an sich nehmen wollte", da mußte Mahler nach einigem Widerstand weichen. Graf

Zichy gestand nachher in freimütiger Weise, daß es der größte Fehler seiner Tätigkeit gewesen sei, Mahler hinausgedrängt zu haben. Zu spät! Einen besonders köstlichen Erfolg trug Mahler aus der Magyarenstadt mit sich: die Anerkennung von Brahms, der wider Willen in eine von Mahler geleitete Don Juan=Aufführung gezogen worden war. Vor dem Theater sagte er: "Mir macht niemand den ‚Don Juan' recht. Wenn ich ihn ge= nießen will, lege ich mich aufs Sofa und lese die Partitur." Während der Aufführung: "Ausge= zeichnet! Famos! Großartig! Ja, so ist es endlich! Aber das ist ja ein Teufelskerl!" Schon nach dem ersten Akte mußten ihn Koeßler und v. Herzfeld auf die Bühne führen, wo er dem jungen Leiter um den Hals fiel und ihm strahlend zurief, daß dies die beste Aufführung des "Don Juan" sei, die er gehört habe. Wie oft mögen während der nachfolgenden Wirksamkeit in Hamburg und Wien Künstler und Kunstfreunde mit dem gleichen oder ähnlichen Verständnisse wie Brahms solche Wirkung erlebt haben! Das Geständnis solcher Begeisterung ist nur von Leuten zu erwarten, die unvor= eingenommen und nicht haß= oder neiderfüllt sind!

An dem Tage, da Mahler seine Entlassung in Pest nahm, wurde er telegraphisch von Pollini nach Hamburg berufen. Er wirkte daselbst als erster Kapellmeister durch sechs Jahre und konnte mit tüchtigen Kräften Musteraufführungen bieten, die ihn in den Augen Hans v. Bülows als Lebenserwecker der Hamburger Oper erscheinen ließen. Eine Kranzwidmung des in ganz Deutschland gefürchteten kritischen Musikmeisters trug die Aufschrift: „Dem Pygmalion der Hamburger Oper— Hans v. Bülow." Als sich Bülow krank und elend fühlte und von der Leitung der Abonnementskonzerte der „Hamburger Musikfreunde" zurücktrat (1893), wies er auf Mahler als einen geeigneten Nachfolger, der denn auch 1894/5 die Leitung führte. Schon 1885 hatte Bülow gelegentlich der Besetzungsfrage eines Kapellmeisters an der Berliner Oper unter den ihm geeignet erscheinenden Kandidaten Weingartner, Nicodé, Zumpe auch Mahler angeführt — den damals 25jährigen! (Briefe VI, 359). Indessen auch in Hamburg erhoben sich einzelne abweisende Stimmen, wie dies bei einem so stark eingreifenden und weit ausgreifenden Künstler wie Mahler erklärlich ist. Tiefere Gründe sind bisher nicht aufgedeckt worden, und es wird wohl schwer halten, aus den Journalstimmen für und Wider ein wahrheitsgetreues Bild zu gewinnen. Von berufener Seite wurde erklärt, daß „Hamburg unter Mahler ein Zentrum musikalisch fortschrittlichen Lebens war." Die Künstler, die ernst arbeiten wollten, hingen ihm mit Verehrung an, und so folgten ihm denn auch einige nach, die er an den Ort seiner neuen Wirksamkeit rief: Anna v. Mildenburg, Bertha Foerster-Lauterer, Leopold Demuth,

Erik Schmedes. Sie fanden in Wien eine Stätte, wo sie unter Führung des „artistischen Direktors des k. k. Hofoperntheaters" zu neuen Taten und zu Siegen gelangten. Durch einige Monate war Mahler als Kapellmeister und als Stellvertreter des Direktor Jahn tätig, hierauf wurde er mit der selbständigen Leitung betraut. Unter den Solisten fand er an namhaften Kräften vor: Winkelmann, Reichenberg, Schrödter, Van Dyck, Ritter, Reich= mann, Hesch, von Solistinnen: Renard, Walker, Sedlmair. Kapellmeister: Hans Richter, Joh. Nep. Fuchs, Josef Hellmesberger jun., Bayer. Die ersten drei schieden im Laufe der Jahre aus: Richter trat am 2. März 1900 von seinem Amte zurück und fand in England einen Wirkungskreis, bei dessen Ausübung er einem jüngeren Kollegen nicht untergeordnet zu sein brauchte. Die Gründe seines Scheidens lagen in den Verhältnissen, in denen der seit 25 Jahren in Wien wirkende Hof= opernkapellmeister sich nicht mehr zurechtfinden mochte. Die ihm anhängende Partei wurde von einer billigen und gerechten Würdigung der Leistungen Mahlers wie von selbst abgerückt und fand eine natürliche Verstärkung durch die im Wiener Rathause zur Herrschaft gelangte politische Partei, soweit diese sich überhaupt um künst= lerische Angelegenheiten kümmerte. Für diese war nicht das künstlerische Moment ausschlaggebend, sondern das persönliche, der blinde Fanatismus, der, da Mahler zwei Jahre vor seinem Amts=

antritte in Wien zum Katholizismus übergetreten war, sich nicht gegen die Konfession kehren konnte, sondern gegen die Abstammung. Kostgänger dieser Partei in der Presse und auch einzelne in der liberalen oder pseudoliberalen Presse sich betätigende Widersacher, die durch Angriffe solcher Art sich unabhängig, „parteilos" gerieren wollten, gesellten sich der kompakten Gegnerschaft, die bald von dieser oder jener Seite ihre giftigen Pfeile losschoß. Mahler arbeitete rüstig und unentwegt weiter, wie bisher. Er gewann nebst den obgenannten Hamburger Kräften die Künstlerinnen Hilgermann, Gutheil-Schoder, Kittel, Weidt, Forst, Bland, Cahier, Kurz, die Künstler Slezak, Weidemann, Mayr u. a., berief die Kapellmeister Franz Schalk, Bruno Walter, Spetrino, Lehnert, die erhalten blieben, während Ferd. Loewe, Brecher, v. Zemlinsky nach kurzer Tätigkeit schieden. Von den übernommenen Kapellmeistern schieden Fuchs (1899 durch Tod) und Josef Hellmesberger. Von namhaften Sängern schieden im Laufe der Jahre: Dippel, Renard, Van Dyck, Reichenberg, Naval, Winkelmann, Ritter, Forster, Sedlmair u. a. Wer mit den Personalien der Oper aus dieser Zeit vertraut ist, wird erkennen, daß das leitende Prinzip für Berufungen und Entlassungen die Rücksicht auf die Möglichkeit einer Einordnung in ein einheitlich organisches Ensemble war. Die Abgänge sind zum Teil aus Unzulänglichkeit einzelner Kräfte mit Hinblick auf die besonderen Leistungen, die erwartet und beansprucht werden müssen, zu erklären, zum Teil aus der mächtigen Konkurrenz, die amerikanische Bühnen mit ihren Honoraren den Hofbühnen der Alten Welt bereiten, indem sie zugkräftige Sänger in ihre Goldkäfige einfangen. Nie aber war ein persönliches Moment ausschlaggebend; am tiefsten beklagte Mahler den Abgang Winkelmanns, dieses ernsten und diensteifrigen Sängers großen Stils, der in Pension trat. In einzelnen Jahren von Mahlers direktorialer Verwaltung war eine erhöhte Zahl von Gastspielen nötig (so besonders in der Saison 1902/03), da er sich wegen verschiedener Repertoireschwierigkeiten nicht oft entfernen konnte, um geeignete Auswahl zu treffen. Als er dann auch für Zwecke von Aufführungen seiner Werke ins Ausland, besonders nach Deutschland reiste — keiner seiner Symphonien wurde zu seinen Lebzeiten eine Erstaufführung in Wien zuteil, da er zu vornehm war, seine Stellung irgend zu persönlichen Zwecken zu gebrauchen — hatte er Gelegenheit, an verschiedenen Orten die Lücken des Personals zu ergänzen. Er tat dabei ein übriges, um das Ensemble möglichst vollständig zu haben, jede Neuaufführung oder Neueinstudierung mit doppelter Besetzung versehen zu können und die unliebsamen Änderungen im festgesetzten Repertoire zu vermeiden. Mit peinlicher Akkuratesse ging Mahler in der Ergänzung und Neubestellung von

Instrumentisten des Hofopernorchesters vor und sorgte für die Erhöhung ihrer Bezüge. Diesem wie dem Chor und der Komparserie war seine besondere „soziale" Fürsorge zugewendet.

Das Orchester war zur Zeit seiner Übernahme des Direktorates bei aller Vorzüglichkeit ergänzungsbedürftig. Schritt für Schritt mußte das Terrain gewonnen, gestärkt und erweitert werden. Die Disziplin war in den letzten Jahren des Direktorates Wilhelm Jahn gelockert, da dieser erfahrene Theaterleiter leidend war und die Kapellmeister trotz ihrer künstlerischen Qualitäten weder die Befugnisse noch die zureichende Autorität besaßen, um Wandel zu schaffen. Ein „laissez aller, laissez faire" hatte sich eingeschleppt und die Folgen waren sogar in den von Hans Richter geleiteten Wagner-Aufführungen unliebsam fühlbar. So ging denn Mahler an die Neueinstudierungen und führte die Wagner-Opern strichlos auf. Nacheinander kamen: „Meistersinger", „Tristan", „Ring", dann die älteren „Rienzi", „Holländer", „Tannhäuser", „Lohengrin". Völlige Umwandlungen der bisherigen Aufführungen, in neuem, künstlerischem Gewande. Hiezu verband er sich mit Alfred Roller, den er im Kreise bildender Künstler, die im Hause des Stiefvaters seiner Braut und nachmaligen Gattin, des Malers Karl Moll verkehrten, kennen gelernt hatte; mit diesen, darunter Gustav Klimt und Kolo Moser verbanden ihn freundschaftliche und künstlerische Beziehungen. So entstand eine Harmonie der Gesinnungen und Strebungen, die auf dem Gebiete der Szenerie für die Hofoper bestimmend und für das Ausland mit maßgebend wurde. Mahler, der Dirigent, Dramaturg, Szenenleiter und Sängerführer, der den Vortrag, die ganze Darstellung bis ins Kleinste leitete und bestimmte, hatte in Roller einen Genossen gefunden, der das szenische Bild in einer den künstlerischen Absichten des obersten Leiters vollkommen homogenen Weise ausführte. Der bildende Künstler ordnete sich bald unter, bald zog er den Direktor an seine Seite und vermochte ihn zu überzeugen. In musikalisch-dramaturgischer Beziehung gab es kein Experimentieren, wohl manchmal Änderungen während des Studierens, in szenisch-malerischer Ausführung wurden Versuche gewagt, die, an sich wertvoll, den Weg zu höherem Vollenden wiesen. Die von beiden ersehnte Höhe zu erreichen, war ihnen leider nicht vergönnt, da Roller bald seinen Abschied nahm, als Mahler gegangen war. Nur gleichartige Künstlernaturen vermögen in solchem Dienste Einheitliches zu schaffen: das Opernhandwerk kann nur durch ideelle Übereinstimmung aller Beteiligten zur wahren Künstlerbetätigung geadelt werden. Die Dekorationen im „Tristan" in der vollen Ausgeglichenheit der Farben mit den Klangfarben der Szenen, der notwendigen Zusammengehörigkeit der räumlichen Begrenzung und Ausdehnung mit den dramaturgischen Anforderungen, mit der Poesie von Wort und Weise waren geradezu von überwältigender Wirkung, ohne irgend ihre Bestimmung durch Aufdringlichkeit zu stören. Die Versuche erstreckten sich auch auf die neu einstudierten Mozart-Opern; da waren die Probleme noch nicht restlos gelöst. Musikalisch gehörten diese Aufführungen zu den stilreinsten, die je in der Wiener Oper und wohl auch auf allen Theatern der Welt geboten wurden — soweit die Kenntnis aus unmittelbarer Beobachtung und den Schilderungen der Zeitgenossen zu gewinnen ist. Der Historiker kann auch aus den Schilderungen der Vergangenheit nicht eine höhere Vollendung stilvoller Wiedergabe in den verschiedenen Schulen konstatieren. „Così fan tutte", „Zauberflöte", „Entführung", „Figaro", „Don Juan" — sie gelangten der Reihe nach zur Verjüngung, und vorzüglich diese Wiener Aufführungen führten die Mozart-Renaissance mit herbei, die in unserer Zeit der Ebbe der Opernproduktion als Not- und Jungbrunnen sich erwies. Die Einführung der Gerichtsszene aus Beaumarchais' Drama in den „Figaro" von Da Ponte verdeutlicht die Handlung im Sinne der Beaumarchaisschen Dichtung. Die dramaturgische Neueinrichtung der „Euryanthe" scheint mir ein Gewinn zu sein, wie ich an anderem Orte nachzuweisen suchte (Zeitschrift der Intern. Musik-Gesellschaft, V. Jahrg.). Neu einstudiert wurden ferner Werke von Gluck,

Rossini, Meyerbeer, Halévy, Verdi, Goldmark, des weiteren komische Opern, darunter „Zar und Zimmermann", „Fra Diavolo", „Weiße Dame", „Lustige Weiber", dann „Freischütz", „Falstaff", „Iphigenie in Aulis", „Fidelio". Letzterer in einer unvergleichlichen Wiedergabe, mit Verlegung der ersten Szene in eine Stube von Roccos Wohnung, mit der Einlegung der dritten Leonoren-Ouvertüre zwischen Kerker- und Schlußszene, nach dem Duett der Gatten, während die „Fidelio-Ouvertüre" am Anfang gespielt wurde.

Mit der letzten Aufführung dieser mit Rollerschen Dekorationen (besonders charakteristisch in der Kleinbürgerstube, dem düsteren Gefängnishof und der freien Landschaft) ausgestatteten, mit den feinsten Details der musikalischen Ausführung (wie allenthalben bei Mahlerschen Einstudierungen) versehenen und in ihrer Großzügigkeit imponierenden, in ihrer Tiefe und Gewalt erschütternden Wiedergabe des Beethovenschen Werkes nahm Mahler Abschied von der Stätte seines Wirkens: am 15. Oktober 1907 dirigierte er zum letztenmale in dem Hause, in dem er zum erstenmale am 21. Juli 1897 „Lohengrin" dirigiert hatte. Dem Publikum war es nicht bekannt, daß Mahler in der Oper nicht mehr dirigieren werde. Er wollte jede Demonstration vermeiden. Zwischen der ersten „Lohengrin"- und der letzten „Fidelo"-Aufführung lag ein weiter Zeitraum, innerhalb dessen sich nicht die Fähigkeiten und die Meisterschaft Mahlers geändert hatten, wohl aber die Wühlereien und Unterminierungen der Gegner den verständnislosen und wankelmütigen Teil des Publikums für die Leistungen blind und taub gemacht hatten. So pflegt es oft und an manchen Orten zu sein. Die Wiener sind in mancher Beziehung wie die alten Römer: „novarum rerum cupidi". Mit diesem Umstande der Neuerungssucht hat sowohl die Theater-, wie die oberste Staatsbehörde zu rechnen. Das Neue an sich scheint begrüßenswert, auch wenn es mit dem Bisherigen in willkürlichster Weise abbricht. Dies geschah jetzt in der Oper, so mit der wunderherrlichen „Fidelio"-Aufführung Mahlers, die von der neuen Direktion zerstört und umgebaut wurde! Mahler hatte aus dem Schatz des älteren Opernbestandes auch die Aulidische Iphigenie von Gluck zu blühendem Leben gebracht. Er hätte weitere Schätze gehoben, wenn seine Tätigkeit nicht ein vorzeitiges Ende gefunden hätte.

Schwierig gestaltete sich während seiner Wiener Tätigkeit die Wahl von neuen Werken. Daß er den richtigen Blick für wirksame neue Opern hatte, bewies er schon in Pest, wo er Mascagnis „Cavalleria rusticana" zum erstenmal außerhalb Italiens zur Aufführung gebracht hatte. Allein die zeitgenössische Opernproduktion war damals noch ärmer als heute. Richard Strauß' „Feuersnot", Pfitzners „Rose vom Liebesgarten" waren die besten deutschen Opern, die ihm zur

Verfügung standen. "Salome" blieb ihm verwehrt, da die Zustimmung der Hofbehörde damals nicht zu erreichen war. "Lobetanz" von Thuille, "Bärenhäuter" von Siegfried Wagner, "Kriegsgefangene" von Goldmark, "Donna Diana" von Rezniczek, "Die Abreise" und "Flauto solo" von D'Albert, "Das war ich" von Leo Blech, waren die weitere (magere) Ausbeute aus den Werken deutscher Künstler. Von Slawen kamen daran: Tschaikowsky mit "Onegin", "Jolanthe", "Pique Dame", Smetana mit "Dalibor", Rubinstein mit "Dämon". Von italienischen Werken wurden neu gebracht: "Bohême" von Leoncavallo und auch die von Puccini, "Fedora" von Giordano, "Die neugierigen Frauen" von Wolf-Ferrari, und "Madame Butterfly" von Puccini. Von Franzosen kamen mit Erstaufführungen zu Worte: Saint-Saëns ("Samson und Dalila"), Bizet ("Djamileh") Delibes ("Lakmé"), Charpentier ("Louise"), Erlanger ("Polnische Jude"), Offenbach ("Hoffmanns Erzählungen"). Österreicher: Hugo Wolf ("Corregidor"), Zemlinsky ("Es war einmal"), J. Forster ("Der dot mon"), J. Reiter ("Bundschuh"). Vierzehn neue Ballette wurden gegeben, und aus dem älteren Operngebiete wurden aufgenommen: Haydns "Apotheker", Mozarts "Zaïde", Lortzings "Opernprobe". Daneben gelangte der eiserne Bestand des Opernrepertoires, soweit Zeit und Umstände es gestatteten, zur Auffrischung. Weit ausgreifend waren die Pläne Mahlers und manches Werk mißte er ungern im Repertoire oder empfand schmerzlich die Unzulänglichkeit des von früher übernommenen Standes der Aufführung dieser oder jener Oper. Gluck, Marschner und Weber sollten ergänzt werden, Berlioz zu Worte kommen. Manche Lücke sollte ausgefüllt, der unersättliche Theatermoloch befriedigt werden. „Statt eines Ganzen, Abgeschlossenen, wie ich geträumt, hinterlasse ich Stückwerk, Unvollendetes: wie es dem Menschen bestimmt ist", sagte Mahler in überbescheidener Weise in seinem Abschiedsschreiben „an die geehrten Mitglieder der Hofoper". „Nicht immer konnten meine Bemühungen von Erfolg gekrönt sein. „„Dem Widerstand der Materie"" — „„der Tücke des Objekts"" ist niemand so überantwortet wie der ausübende Künstler. Aber immer habe ich mein Ganzes darangesetzt, meine Person der Sache, meine Neigungen der Pflicht untergeordnet. Ich habe mich nicht geschont und durfte daher auch von den andern die Anspannung aller Kräfte fordern. Im Gedränge des Kampfes, in der Hitze des Augenblicks blieben Ihnen und mir nicht Wunden, nicht Irrungen erspart. Aber war ein Werk gelungen, eine Aufgabe gelöst, so vergaßen wir alle Not und Mühe, fühlten uns reich belohnt — auch ohne äußere Zeichen des Erfolges. Wir alle sind weitergekommen und mit uns das Institut, dem unsere Bestrebungen galten". So konnte der Künstler im Hinblick auf Wollen, Können und Leisten ruhig sagen.

Welch niedere Angriffe sind dagegen gerichtet worden! Jede Unbotmäßigkeit eines Mitgliedes wurde zur „Affäre" aufgebauscht, bei der nur die „Tyrannis", „Laune", „Willkür" des Direktors schuld trugen. „Bedenkliche Klagen" wurden erhoben — gegen alles, was geschah, gegen Repertoire, Annahme von Novitäten, Stellung der Kapellmeister, künstlerische Ausbildung des Personals, Verfall des Balletts. Ich zitiere ipsissima verba, ohne solchen Leuten die Ehre anzutun, ihre Namen zu nennen. Es wurde Mahler die Fähigkeit abgesprochen, künstlerische Persönlichkeiten beurteilen zu können; es wurde ihm vorgeworfen, daß er ausschließlich persönliche Ziele verfolge..... Die Vorwürfe stiegen ins Ungeheuerlichste. Wenn er die Claque abstellte, als eines ernsten Kunstinstitutes unwürdig, wurden die klatschenden Handflächen vermißt. Als er zur Vermeidung von Störungen das Eintreten während des Spieles verbot, empörten sich erbgesessene Sperrsitzbesucher. Allmählich gewann seine Energie die Oberhand — beim Publikum, seine eiserne Disziplin — beim Personal. Allein alle „Affären", alle Angriffe waren nur Bruchteile des Widerstandes, der aus künstlerischen Gründen weder zu verstehen war, noch sich rechtfertigen ließ — die Sache wurde, wie Max Burckhard sagte, ein „Politicum". Mahlers Lust an der Arbeit konnte nicht gebrochen werden, aber ein Ekel stellte sich ein, der noch durch private Einflüsse verstärkt wurde. Mahlers Schaffen sollte nicht durch neuerliches Einleben in fremde Verhältnisse geschwächt werden. Er war in Wien und Österreich eingewurzelt. Als universaler Künstler hatte er doch das engere Heimatsgefühl nicht verloren, und wenn er schon die Stätte seines ruhmwürdigen Wirkens verlassen sollte, so hätte einzig die Zurückgezogenheit getaugt, die ihm die Möglichkeit geboten hätte, den Aufführungen seiner Werke mehr Zeit zu widmen. In der Tat hat er während der letzten Zeit seiner direktoralen Wirksamkeit nebst dem Sommerurlaub, der vorzüglich der Komposition gewidmet war, sich einigemal im Jahre auf einige Tage entfernt, um dem Rufe, dort und da eines seiner Werke zu dirigieren, Folge zu leisten, um es sich zu Gehör zu bringen. Dies wurde ihm auch zum Vorwurf gemacht und könnte als Vorwurf gelten, wenn dabei seine Pflicht vernachlässigt worden wäre. In Franz Schalk und Bruno Walter hatte er geeignete Ersatzmänner für Einzelaufführungen, und besonders der letztere tauchte so tief in Mahlers Künstlerschaft, ordnete sich mit solcher Liebe und Hingebung ein, daß Mahler das sporadische Verlassen seines Amtssitzes wohl verantworten konnte.

Zugunsten der Philharmoniker ging er im Frühjahr 1900 nach Paris und gab da mit dieser Körperschaft fünf Konzerte, für deren Defizit er mit Hilfe eines Wiener Kunstmäzens aufkommen mußte. Ihre Konzerte in Wien leitete er in den

Saisons 1898/99, 1899/1900 und 1900/01. Ob sie es ihm zu Dank gewußt haben, bleibe eine unerörterte Frage. Er verlangte auch da mehr Proben, als gewohnt, als vorher und nachher. Der gröbste Vorwurf, der ihm gemacht wurde, war die Überspannung seines Subjektivismus im Vortrage. In der Tat hat er manches anders „genommen" als andere. Solch eine Individualität wie Mahler erheischt die Entfaltung ihrer Eigenart, die mit der gewohnten Auffassung nicht immer übereinstimmt. Ich selbst habe manches, diesen oder jenen Satz, diese oder jene Stelle mir anders gedacht, als ich sie zu hören bekam. Von solch machtvoller Persönlichkeit, die in ihrer Auffassung nur dem Werke gerecht werden will, lasse ich mir eine Abweichung ohne weiteres bieten. Ich beuge mich, umsomehr da ich erfahren habe, daß ein Werk von einem und demselben Interpreten in verschiedener Auffassung geboten wird — wie ich dies bei Rubinstein und Liszt mit Erbeben erlebte. Wir wissen, daß Beethoven seine eigenen Werke je nach seelischer Stimmung und geistiger Stellung in abweichender Beleuchtung wiedergab. Zur „Affäre" wurde Mahlers Einrichtung der neunten Symphonie gemacht. Dem Vorgange Richard Wagners folgend, hatte Mahler zur Erzielung der Deutlichkeit, die ihm höchstes Prinzip der Wiedergabe war, an einzelnen Stellen Holzbläser verdoppelt, ein drittes und viertes Hörnerpaar, im letzten Satz eine dritte und vierte Trompete verwendet und ab und zu neben den Naturtönen der Blechinstrumente, wie sie zur Zeit Beethovens üblich waren, aus der vollen Skala der Ventilinstrumente die Gänge ergänzt, die eben mit Hinblick auf die Naturinstrumente Beethoven nach Mahlers Ansicht nur lückenhaft bringen konnte. Ein kühnes Verfahren, das Mahler auch unter Hinweis auf Beethovens Taubheit, auf die Unzulänglichkeit in der Ausführung seiner Absichten rechtfertigen wollte (in einem offenen Schreiben an die Konzertbesucher). Die Vervielfältigung der Streichinstrumente seit Beethovens Zeit verlange, wie Mahler hervorhebt, eine Vermehrung der Bläser. Er wollte „fern von Willkür und Absichtlichkeit, aber auch von keiner Tradition beirrt, den Willen Beethovens bis ins scheinbar Geringfügigste nachfühlen und in der Ausführung auch nicht das Kleinste von dem, was der Meister gewollt, opfern oder in einem verwirrenden Tongewühle untergehen lassen". „Von einer Uminstrumentierung, Änderung oder gar „„Verbesserung"" des Beethovenschen Werkes kann natürlich absolut nicht die Rede sein." Die Absicht ist löblich, allein die Mittel sind nur insofern zu billigen, als sie der Absicht des Reproduzierenden entsprechen, ohne irgend Anspruch auf Allgemeingültigkeit erheben zu können — ebensowenig wie bei Mahler so auch nicht bei den Änderungen, die von Wagner vorgenommen wurden und von vielen Dirigenten unserer Zeit angenommen sind. Da das Original Beethovens unantastbar erhalten bleibt, kann daraus kein dauernder Nachteil entstehen. Ob die Interpretation so weit gehen darf und soll, ist eine Frage für sich. Die Unvollkommenheiten in der Ausführung des dem Tonsetzer vorschwebenden Ideals, das er im Kunstwerk verwirklichen will, sind dauernde Begleiterscheinungen der Qualitäten eines Werkes. Es ist nicht sicherzustellen, ob dieses im ganzen durch solche Änderungen, richtiger Ergänzungen gewinnt. Für das Publikum, das überhaupt solche Hinzufügungen gar nicht bemerkt, kommt das weniger in Betracht. Es ist eine Sache des Gewissens, und dies kann man ebensowenig Wagner wie Mahler absprechen. Der Historiker wird für die Reinerhaltung der authentischen Vorlage einzutreten haben, kann dabei die gute Absicht der Verdeutlichung anerkennen, ohne ihr irgend Allgemeingültigkeit zuzuerkennen.

Daß sich Mahler sowohl bei der Reproduktion in die Werke verschiedenster Meister und Zeiten völlig einleben konnte, als auch bei der mitschaffenden Ergänzung von Fragmenten glänzend bewährte, zeigt in überraschender Weise die Arbeit Mahlers an den „Drei Pintos" von Weber. Dieser hatte sich in den Jahren 1816—1821 mit der Konzeption beschäftigt und noch in seinem Todesjahr (1826) daran gedacht, die Komposition zu vollenden. Einzelne Stücke, Skizzen und Fragmente sind nur zu den ersten beiden Akten erhalten, für den dritten mußte Mahler ganz eintreten. Er tat dies teils mit Verwendung von Kompositionen Webers, teils mit Verwertung von Weberschen Gedanken, teils erfand er ganz neu im Sinne Webers. Mahlersche Stücke wurden als „weberisch", Webersche Nummern als „mahlerisch" angesehen — so sehr hatte sich der Bearbeiter in den Geist des Tönewebers eingelebt. Der Enkel Webers hatte den Plan der Ergänzung wieder aufgenommen, nachdem dereinst Meyerbeer, der hiezu gebeten war, die Skizzen jahrelang bei sich gehabt hatte, ohne an die Ausführung des Wunsches der Familie zu schreiten. In einzelnen Teilen reizvoll, bleibt das Ganze hinter dem Weber, wie wir ihn aus „Freischütz", „Euryanthe" und „Oberon" kennen, zurück. Für Theater, in denen die Spieloper kleineren, leichteren Genres eine geeignete Stätte findet, wäre die neu gewonnene Oper heute noch wirksam. Für das Gesamtbild von Webers Künstlerschaft ist sie nicht so sehr von Bedeutung. Für Mahlers stilistische Einfühlbarkeit ist sie eine Feuerprobe — denn Mahler war damals daran, seinen Eigenstil in den Skizzen zu seiner „Zweiten" auszubauen. Die Arbeit zu den „Drei Pintos" war in kürzester Zeit (14 Tagen) fertiggestellt und fand seit der ersten Leipziger Aufführung (20. Januar 1888) in vielen deutschen Städten Beifall und Erfolg. Auch in Wien wurde sie im Januar 1889 aufgeführt. Mahler trat bescheiden hinter den Enkel Webers zurück, der sich beim Textbuch mit betätigt hatte. Als er in Wien Direktor war, führte er dies Werk nicht auf. Er wollte nicht den Schein erwecken, als ob er die Oper wegen seiner Anteilnahme an der Arbeit zur Aufführung brächte. So hingebend er in Freundschaft war, so mied er auch da, aus „Freunderlschaft" (ein Wiener Spezifikum) Protektion zu üben oder sich durch persönliche Rücksichten irgend bestimmen zu lassen. Wohl beriet er sich mit seinen Freunden. Aus seiner ersten Wiener Zeit traf er noch an: Dr. Emil Freund, den immer getreuen Rechtsanwalt, der jetzt die angenehme Pflicht erfüllte, die „beginnende Vermögensverwaltung" zu übernehmen, den Archäologen Dr. Fritz Loehr und den Dichter Dr. Siegfried Lipiner, Bibliothekar des Parlaments. Dieser übte mit seiner tiefen Bildung, dem Schwung seines Phantasielebens einen mächtigen Einfluß auf den Jugendfreund. Philosophische Themen wurden von den Freunden mit Eifer und tiefem Eindringen behandelt, die Weltliteratur in ihren mächtigsten Erscheinungen erörtert, Religionsfragen mit heiliger Strenge diskutiert.

Mahler ließ keine freie Minute, die er in seinem harten, schweren Berufe erübrigte, unbenutzt, um Lektüre zu betreiben. Er studierte zur Erholung Meisterwerke der Musikliteratur, vertiefte sich in das Studium der Bachschen Werke, die er vor sich legte, um von des Tages Gewirr sich zu erholen und zu stärken. Er las mit Eifer die

„Denkmäler der Tonkunst", als deren wirkliches Mitglied er der leitenden Kommission (in Wien) angehörte. Von Freunden aus der ersten Wiener Zeit lebten noch: Hugo Wolf, der leider einem intimen Umgange nicht mehr zugänglich war; die Brüder Krzyzanowski (Rudolf der Musiker, Heinrich der Schriftsteller) waren nach Deutschland gezogen. Hans Rott, der hochbegabte junge Musiker, der begabteste von uns allen, die während der siebziger Jahre dem Kreise des Konservatoriums angehörten, war früh gestorben. Mahler gewann neue Freunde, und die Zahl der Verehrer mehrte sich gerade aus den Kreisen Gebildeter und verstärkte sich im Auslande. Von den bildenden Künstlern war schon die Rede. Von Dichtern und Schriftstellern seien genannt: Gerhart Hauptmann, Hugo v. Hofmannsthal, Arthur Schnitzler, Max Burckhard, Hermann Bahr, Felix Salten, Stefan Zweig. Von Musikschriftstellern: Oskar Bie, Hermann Bischoff, Ernst Decsey, Georg Göhler, Eduard Hanslick, Julius Korngold, E. O. Nodnagel, R. Piper, William Ritter, L. Schiedermair, Arthur Seidl, Richard Specht, Paul Stefan, Max Steinitzer u. a. Von Musikern (in Wien): Bruno Walter, Alexander v. Zemlinsky, Josef V. v. Wöß, J. B. Förster, Arnold Schoenberg, Julius Bittner, Arthur Bodansky, Gustav Brecher, Karl Weigl; (auswärts): Richard Strauß (in intimer Freundschaft), Hans Pfitzner, Max Schillings, Oskar Fried, Wilhelm Kienzl, Willem

Mengelberg, Buths, Paul Dukas und eine große Reihe von Jüngeren. Von Ausländern wären noch besonders zu nennen: Hermann Behn (Hamburg), Paul Clemenceau und Piquart (der Kriegsminister in Paris).

Diese Liste gibt, so unvollständig sie besonders mit Hinblick auf die seinem häuslichen Kreise angehörenden Frauen ist, ein beiläufiges Bild von dem Kreise, dessen Mitglieder Mahler mehr oder weniger nahestanden. Sein Verkehr war, so sehr er sich zurückzog, entsprechend seinen Beziehungen in fast allen Musikstädten von Österreich, Deutschland, England, Frankreich, Italien, Rußland ein ungemein ausgedehnter und erstreckte sich in den letzten Jahren auch auf Amerika. Dorthin ging er zum erstenmal im Dezember 1907 und dirigierte an der Metropolitan Opera in New York während der Saison 1907/08 Opern von Mozart und Wagner; er kehrte zweimal wieder dahin, nachdem sich in New York eine Philharmonic Society gebildet hatte, die Mahler-Konzerte gab. Von Opernaufführungen hielt er sich immer mehr fern. Frühjahr, Sommer und einen Teil des Herbstes verbrachte er in seiner Heimat und dirigierte an einzelnen Orten eigene und fremde Werke in Konzerten, besonders in München, Amsterdam, Paris, Rom und in mehreren deutschen Städten. Seine Honorare waren beträchtlich in der Neuen Welt; für ihn hatte dies keine besondere Anziehung, er sollte seiner

Familie eine breitere materielle Basis schaffen, als dies mittels seiner Pension und der bisherigen Ersparnisse möglich gewesen wäre. Er hätte auch damit ein ihm genügendes Auskommen finden können, besonders da er öfter berufen wurde, um Konzerte zu dirigieren, deren Leitung ansehnlich honoriert wurde. Von seinen Werken konnte er auch Ertrag erwarten, einzelne seiner Symphonien fanden Verleger, die gut bezahlten. Seitdem die „Gesellschaft zur Förderung deutscher Wissenschaft, Kunst und Literatur in Böhmen" dem Deutschböhmen Gustav Mahler eine Subvention zur Veröffentlichung seiner Symphonien im Jahre 1898 gewährt hatte — vorher hatte ein begeisterter Anhänger die zweite Symphonie zum Stich gebracht —, war die Möglichkeit geboten, daß seine Werke weitere Verbreitung fanden. Noch eine andere Möglichkeit hatte sich ergeben, seinen Wirkungskreis in Wien zu ändern und sein Einkommen zu festigen. Das Konservatorium der Gesellschaft der Musikfreunde war finanziell bedrängt und hatte durch Eingriffe von verständnisloser Seite Änderungen in der Organisation und Besetzung erfahren, die dem Institut keinesfalls zum Vorteil gereichten. Das Ministerium für Kultus und Unterricht erhöhte von Jahr zu Jahr die Subvention. Not tat das Eintreten eines Mannes, der der Aufgabe gewachsen gewesen wäre, Wandel zu schaffen und das Institut zu jener Höhe zu führen, auf der es

dereinst gestanden hatte, als wohl die Mittel noch
nicht reich waren, allein das Können und die
Künstlerschaft der Führenden über diese äußere
Beschränktheit hinweggehoben hatten. Über Wunsch
des Ministers von Hartel wurde ein Memorandum
ausgearbeitet, in welchem die Sanierung des In=
stitutes beratschlagt und Vorschläge erstattet
wurden (organisatorischer Art und behufs Be=
rufung geeigneter Kräfte). Mahler sollte zum
obersten Leiter ernannt werden. Mahler hatte
dem Proponenten die Zusage gemacht, daß er
dies Amt zu übernehmen bereit sei — dies ent=
sprach umsomehr gewissen Neigungen Mahlers,
da er schon in seiner Jugend in Aussicht genommen
hatte, im Lehrfach der Musik tätig zu sein. So=
lange er Direktor der Hofoper sei, wollte er kein
Honorar annehmen, nach Abgabe der Opern=
leitung hätte er ein entsprechendes (vorher schon
bestimmtes) Gehalt zu empfangen. Die Sache zog
sich in die Länge. Die Gründe seien hier nicht er=
örtert. Mahler hätte dem Vorschlag gemäß als
Vertrauensmann der Regierung das Institut zu
überwachen gehabt, das vorläufig noch in der
Verwaltung der Gesellschaft der Musikfreunde
geblieben wäre. Mahler hätte die oberste Inspek=
tion zu führen gehabt und je nach Bedarf und Ein=
sicht diese oder jene Aufführung zu leiten über=
nommen. Ministerwechsel waren für Erledigung
der Angelegenheit nicht förderlich. Als Dr. Max
Graf Wickenburg die Revision des Musikdeparte=

ments übernahm und von dem Memorandum
Kenntnis erhielt, wandte er sich an Mahler. Durch
die beschämenden Verhältnisse, die seinen Rück=
tritt zur Folge hatten, angewidert und durch
anderweitige Einflüsse verstimmt, leistete Mahler
dem Lockruf des Direktors Conried nach Amerika
Folge, gab seine Absicht, den ehrenvollen Antrag
für Wien anzunehmen, auf und erteilte dem
gütigen Intervenienten einen abschlägigen Be=
scheid. Mahler wollte nunmehr Wien verlassen
und Wien wurde von einem guten Genius ver=
lassen, der die alte Musikstadt zu neuem kräftigen
Leben wieder erweckt hatte. Ein Schriftsteller
(Hagemann) nannte (ohne von der Möglichkeit
Kenntnis zu haben, daß Mahler auch ohne Oper
für Wien hätte erhalten bleiben können) dieses
Scheiden eine Kulturtragödie. Die tragische Wir=
kung blieb nicht aus. Für Mahler wurde die zwei=
malige Wiederholung der Amerikareise zum Ver=
hängnis, besonders da seine Gesundheit geschwächt
war. Wien hat an den Folgen seines Abganges
noch heute schwer zu tragen. Mahler hätte nur
durch das Beispiel zu wirken gebraucht, und die
junge Generation hätte sich daran gebildet. Denn
nicht bloß auf dem Gebiete der reproduktiven
Kunst hätte sein Vorbild nachhaltig wirken können.
Auch in der produktiven Kunst gehört Mahler zu
den führenden Geistern seiner Zeit.

Um Mahlers Art in Produktion und Repro=
duktion richtig zu verstehen, muß man sich seinen

Charakter vergegenwärtigen — wie bei jedem Künstler. Schaffen und Wiedergabe sind Spiegelbilder des seelischen Lebens, noch mehr, die Werke sind seine Erzeugnisse, sein Niederschlag und in der Wiedergabe der Tonwerke gibt sich, soweit sie nicht mechanisch, ein Stück eigenen Lebens des Reproduzierenden kund. Mahlers Seelenart war auf Güte und Energie gegründet. Die Festigkeit seines Willens erhob sich in der göttlichen Mania des Künstlers wie in dem unerbittlichen Drange nach Wahrheit in allen Lebensäußerungen zum Fanatismus. Wie ein Kind ließ er sich vom Moment hinreißen und sein Temperament schien in solchen Augenblicken fessellos. Trotzdem beherrschte sein klarer Verstand auch die letzten Ausgänge seiner Handlungen. Unbeugsam gab sich sein Wille, und dabei war sein Gemüt weich. Großzügig war sein Wesen und kindlich sein Empfinden mit Mitmenschen, mit Groß und Klein, mit Erwachsenen und Kindern. Rührend in der Freundschaft, in der Anhänglichkeit, offen, rückhaltlos bis zur Selbstverleugnung. An allen Dingen konnte er Freude haben, über die geringste Sache konnte er sich ärgern, wenn sie seiner momentanen Stimmung nicht entsprach. Reizbar und reizsam konnte er die heftigsten Schmerzen ohne Klage ertragen und im nächsten Augenblick über die geringste Unbequemlichkeit ungehalten sein. Vertrauensselig und mitteilsam gegenüber Freunden, die er als solche erkannt und erworben, mißtrauisch und zurück=

haltend gegenüber unliebsamen Menschen, bei denen er kein Verständnis fand, und im nächsten Moment warf er auch diesen die härtesten „Wahrheiten" ins Gesicht und verletzte dort und da. Daraus erklären sich auch Gegnerschaften, die nicht selten aus gekränkter Eitelkeit entstanden. Er wollte das Leben in allen Höhen und Tiefen erfassen. Tragik und Heiterkeit in allen Erscheinungsarten fanden Widerhall in seinem Innern. So erklärt es sich, daß in seinen Symphonien auf Erhabenheit unmittelbar das Einfachste, Alltägliche folgt. Die Musik schien ihm auch das letztere zu adeln, oder er wollte durch die Widerspiegelung der Zufälligkeiten alle Phasen des Lebens tonlich fassen und innerhalb der Tonwerke in zeitlicher Folge wiedergeben. Er ließ sich da vom Gefühle leiten und gab sich als klarer Verstandesmensch darüber Rechenschaft. „Der Verstand irrt, das Gefühl nicht", so lautete seine künstlerische Überzeugung. In der Kunst, in künstlerischen Dingen ließ er sich vom inneren Triebe, vom Drange leiten: so muß es sein. So gelangte er dazu, „künstlerisch gar keine Konzessionen zu machen", wohl aber menschlich. Der Mensch in ihm war butterweich, der Künstler unbeugsam in Verfolgung des vorschwebenden Ideals.

Mahler war weder absoluter Pessimist, noch bloßer Optimist. Er hielt von jedem das beste, so lange er nicht vom Gegenteil überzeugt wurde. Nur seine Erfahrungen mit einem Großteil der

Journalistik und mit einer oder der andern Konzertgesellschaft machte ihn skeptisch, nicht befangen oder voreingenommen. Wohl las er mit Vorliebe Schopenhauer und Nietzsche (von welch letzterem er sich in der Folge abwandte) und vertiefte sich in die Lektüre der Werke von Dostojewski. Von Jugend an waren ihm die Klassiker der Weltliteratur vertraut, am nächsten stand ihm später Goethe, in der Jugend besonders E. T. A. Hoffmann, dessen Kapellmeister „Kreisler" manche Spuren in Mahler zurückließ, richtiger manche Analogien bot, wie in dem überreizten Gemüt und dem Mangel an Phlegma, ferner Hölderlin und Jean Paul, dessen „Titan" der ersten Symphonie das dichterische Geleite gab, anfangs sogar mit der Titelbezeichnung. In seinen Symphonien findet man dort und da die Lebensverneinung als das Bestimmende, wohl am ausgesprochensten in der „Sechsten", genannt „die tragische", allein auch da gibt es Heiterkeit, wie im Trio des zweiten Satzes, oder wilde Lustigkeit, auch Schwärmerei und Blicke in geliebte Gegenden (dritter Satz). Es ist ein Irrtum, zu glauben, daß Mahler die „kleinen Ergötzlichkeiten der Menschheit haßte". Im Gegenteil, er freute sich kindisch damit; zur Zeit der schwersten Direktionssorgen schwang er im Freundeshaus das Tanzbein und spielte im kleinsten Kreise lustige Weisen auf. Volle Lebensbejahung spricht aus vielen seiner Symphoniensätze, so auch besonders im dritten und vierten Satze der fünften Symphonie, in der Vierten, in der er die himmlischen Freuden besingt, wie sie das Volksgemüt den irdischen homogen ersehnt. Die Sinnenfreudigkeit des Wienertums dringt dort und da durch, vereinigt sich mit der Klangfreude der Musik seiner Heimat und verträgt sich mit der düsteren Leidenschaftlichkeit, die ganze Strecken und Sätze beherrscht. Ein Mann, der mit solcher Freude arbeitet, der mit solcher Wucht die Kraft ohne Wanken besingt, wie in der "Siebenten", hat einen untilgbaren Fonds von Lebensmut und Hoffnung in sich. Er war zeitlebens ein "Gottsucher" und ein Ringer nach Wahrheit. Auch in seinen Kompositionen sucht er sich durchzuringen zur Erfassung des Daseins, zur Erfüllung seiner höchsten Ziele. Was ihm die Erkenntnis versagte, suchte er wenigstens künstlerisch zu erleben oder wie im Fernbild zu erahnen (um solchen Ausdruck zu gebrauchen). Er wollte nicht im Kunstwerk philosophieren, nur gute Musik schreiben, die seinen Stimmungen künstlerische Fassung verleiht. Er wurde angeregt von philosophischen Gedankengängen, ohne philosophisch musizieren zu wollen (was an sich unmöglich ist). Da er nach dem Vorbilde Beethovens das Höchste mit seiner Kunst zu ergreifen sucht, so will er in einzelnen Sätzen seiner Werke der Urweisheit letzte Schlüsse erfühlen, erschauen, erspähen — ohne sie begreifen zu können, so wie die Wissenschaft sie nicht erklären kann. Nachdem er in der dritten Symphonie (einem „Sommermorgentraum") vorerst im ersten Satz das Erwachen der Natur („Pan erwacht") belauscht, läßt er in den folgenden Sätzen sich vorerzählen von den Blumen, den Tieren im Walde, dem Menschen, den Engeln und dann in einem unvergleichlich herrlichen Adagio (Schlußsatz): „Was mir die Liebe erzählt" oder „Was mir Gott erzählt"! Gott und Liebe sind ihm demnach gleichbedeutend. So denkt und fühlt nicht ein Pessimist.

Die Liebe, das Göttlichste im Menschen, besingt er allenthalben, sie bildet auch das Bindeglied zwischen dem ersten und zweiten Teil der „Achten", zwischen dem Hymnus „Veni creator spiritus" und dem Schlußteil des Goetheschen Faust, den beiden textlichen Unterlagen des symphonischen Gebäudes. Als höchstes Ergebnis der Weltbetrachtung und künstlerischen Wiedergabe in allen seinen Werken ist die Mitteilung der Liebe in allen Spiegelungen. Wie das Sonnenlicht sich prismatisch bricht, so teilt sich die Liebe, nicht in sieben, sondern in unzählbare, in unendliche Nüancen und Schattierungen. Mahler meidet auch nicht, die sentimentale, ans Banale streifende Art wiederzugeben, wie in dem Posthornsolo des dritten Satzes der „Dritten", die derbe des Landsknechtes und Reitersmannes. Bei Mahler findet sich der monotheistische Glaube, einerlei, ob er in vielen oder einzelnen Augenblicken Zweifel

hegen möge, mit allen konfessionellen Erscheinungs=
arten der Religion und auch, so paradox dies
erscheinen möge, mit pantheistischen Anschauungen
zurecht; er schildert naiv auch Aberglauben, ohne
daran zu mäkeln oder ihn zu travestieren oder zu
ironisieren. Die Gläubigkeit als solche wird be=
sungen, wenn darin nur der ungeheuchelte Auf=
blick zu Gott erstrahlt und die Liebe sich auf das
Weltall, auf Menschen im Dienste veredelten, ver=
klärten Daseins und erhabener Zweckerfüllung er=
streckt.

Mißverständnisse über die Echtheit und Vor=
nehmheit dieser seiner Gesinnungen sind mit aller
Entschiedenheit zurückzuweisen und wären über=
haupt nicht der Beachtung wert, wenn sie bloß in
frivoler Weise von Gehässigen aufgestellt worden
wären. Das Erlebnis der lebendigen Wirkung
solcher Stellen, wie etwa im fünften Satze der
„Dritten", hätte wohl eine solche Mißdeutung nicht
aufkommen lassen. Es ist bedauerlich, daß Teile
von Werken einer so tief veranlagten Künstler=
natur wie der Mahlers solchen Unterlegungen
ausgesetzt sein konnten. Die Ironie macht sich
dort und da in symphonischen Stellen fühlbar, nie
aber bei solchen, die dem Göttlichen oder der
Nächstenliebe zugewendet sind. Die ironischen und
satirischen Stellen müssen von den humoristi=
schen geschieden werden. Frivol ist gar nichts.
Über allem waltet der tiefe sittliche Ernst des
Künstlers — er steht immer im Dienste der

strengsten Kunstreligion. Alles ist veredelt durch ein klärendes Ethos. In dem zitierten Satze der „Dritten" erzählen „die Engel" (nach anderer Bezeichnung „die Morgenglocken") eine Legende, die mit reinster Naivität des Gemütes in Töne gefaßt wird, eine fast kindliche Gläubigkeit kommt zum Ausdruck in der tonlichen Fassung des „leiden- und sündenlosen Kinderhimmels" (Bezeichnung von Wilhelm Kienzl). Wo die Dichtung Gläubigkeit und Humor vereint, wie im Schlußsatz der „Vierten", da ergreift der Komponist das Humoristische auf dem Grunde tiefen Ernstes, wie es dem echten, befreienden Humor wesenseigen ist, hier noch obendrein in ungetrübter musikalischer Erfassung des Paradiesglaubens, der wohl nach Mahlers Anschauung mit der höchsten Erfassung des Ewigen nicht übereinstimmen möge. Mahler schreibt, um jedem Mißverständnisse zu begegnen, der Singstimme ausdrücklich vor: „Mit kindlich heiterem Ausdruck, durchaus ohne Parodie!" Die Trompeten und Hörner des „großen Appells" im Schlußteile der „Zweiten" erklingen wie ein Signal zur Erhebung des Geistes in ewige Sphären; der darauf folgende Choral „Auferstehen, ja Auferstehen" (nach den Worten Klopstocks) wird mit einer Ergriffenheit sondergleichen angestimmt. Wer mit solcher Inbrunst die Worte singt „Ich bin von Gott und will wieder zu Gott, der liebe Gott wird mir ein Lichtchen geben, wird leuchten mir bis in das

ewig selig' Leben" (im vierten Satz der
„Zweiten"), der hat das Urwesen der Religion
erschaut und erlebt, das auf dem festen Grunde
der Nächstenliebe verankert ist: „Dein ist, was du
geliebt". Nur so konnte sich Mahler zu dem
Sänger der Freude erheben, als der er von dem
Italiener Alfredo Casella begrüßt wurde: „Mahler
ist der einzige Musiker, der die wahre Tragweite
der Ode an die Freude erfaßt hat." Der katholisch
strenggläubige Franzose William Ritter apo=
strophiert Mahler mit den Worten: „Sie sind die
wahre Ode an die Freude." Nun, zum Glück haben
wir im reichen Bildersaal der Musikgeschichte noch
andere Künstler, die in gleicher Weise diese
Mission erfüllt haben. Daß aber Mahler gerade
nicht in letzter Reihe steht, ist wohl unleugbar.
An der Ehrlichkeit seiner Gesinnungen, an der
Offenheit seines Wesens kann niemand zweifeln,
der seiner faszinierenden Persönlichkeit je näher=
getreten ist und seiner Kunst mit Unbefangenheit
sich nähert. So wie sein Verstand eindrang in die
Werke Kants (zur Zeit seiner Wiener Tätigkeit),
so erhielt sich sein Gemüt den naiven Märchen=
glauben, eine schwärmerische Märchenseligkeit,
und er sah mit verklärtem Künstlerblick in den
Himmel, der sich ihm öffnete. Mit der Kinderseele
des Volksliedes vermochte er sich dorthin zu er=
heben, wohin nicht Vernunft, nur Phantasie oder
Glaube geleiten. Durch fast alle seine Werke geht
eine tiefe Sehnsucht — nach dem Unendlichen,

und das Endliche stört nicht den Seherblick. Er
verrichtet seine Andacht in der Natur und betet
in Tönen. Dort und da tritt ein Sehnen nach der
Natur hervor, wie es den kulturmüden Welt=
wanderer unserer Zeit erfüllt. Schiller bezeichnet
solch einen Dichter, der die Natur sucht, als einen
„sentimentalen", den Dichter, der selbst Natur ist,
als den „naiven". Bei Mahler wechseln Naivität
und Sentimentalität — sein Wesen war komplex
und zeigte Kontraste, die durch sein Tempera=
ment verschärft wurden. So treten auch in seiner
Kunst krasse Kontraste auf.

An manchen Stellen seiner Partituren findet
sich die Bezeichnung: „Wie ein Naturlaut."
Mahler schildert nicht äußerlich die Naturbilder
und Geschehnisse, sondern vertont sie als Er=
lebnisse; in ihrer künstlerischen Wiedergabe liegt
nach dem Beethovenschen Ausspruche „mehr Aus=
druck der Empfindungen als Malerei". Die Motive
werden nach streng musikalischen Stilprinzipien
verarbeitet und erheben sich auf diesem Wege zum
Tonbilde der Erlebnisse. Mahler ist nicht Pro=
grammatiker in äußerlicher Art, er will keine
realen Programme wiedergeben, immer mehr ent=
fernt er sich von solchen Strebungen, die den
Meister der Technik verführerisch auf Wege
bringen konnten, die sich von seinem eigensten
Arbeitsgebiete entfernten. Die Titelvignetten, die
die erste und dritte Symphonie als Ganzes und
einzelne Sätze der „Dritten" erhalten hatten, ent=

fernte er, da sie Mißdeutungen ausgesetzt waren, gerade so, wie Robert Schumann beim vierten Satz der Es-Dur-Symphonie vorgegangen war, mit der Begründung: „man soll den Leuten nicht das Herz zeigen, ein allgemeiner Eindruck des Kunstwerkes tut ihnen besser, sie stellen dann wenigstens keine verkehrten Vergleiche an". Mahlers Überschriften, die nicht der Partiturausgabe beigegeben, nur in den Programmen der ersten Aufführungen explikativ mitgeteilt waren, hatten von Anfang an bloß allgemein andeutenden Charakter, ohne die Phantasie des Hörers irgend binden zu wollen. Sie waren Schlüsselzeichen, die ins Gebäude einführen konnten und die bei der Konzeption die Phantasie des Schaffenden möglicherweise beflügelten, ohne die Ausgestaltung zu bestimmen. Die Textworte, die einzelnen Teilen beigelegt wurden, waren nicht von vornherein bestimmend für die Stimmung, den Ausdrucksgehalt der betreffenden Stücke oder Sätze, sondern schienen nur willkommen als Assoziationsgenosse der Musik. „Wenn ich ein großes musikalisches Gemälde konzipiere, komme ich immer an den Punkt, wo ich mir das Wort als Träger meiner musikalischen Idee heranziehen muß", schrieb er 1897 an Arthur Seidl. Er kam nicht immer dazu, im Gegenteil, nach der „Vierten" verzichtet er dauernd auf die Begleitung von Worten zu seiner Musik (denn dies ist das wahre, reelle Verhältnis in den Mahlerschen Symphonien, nicht: Begleitung der Musik zu den Worten), nur in der achten Symphonie, in der er den Grundplan der zweiten in völlig neuer Weise ausgeführt, greift er bei beiden Teilen zum Text. Trotz ihrer äußeren Erscheinung als Kantate ist sie nach Bezeichnung und innerer Haltung eine Symphonie. Das Formale ist hier das Mitbestimmende: der erste Satz entspricht gänzlich einem Sonatensatz, während der zweite Teil eine Synthese von Adagio, Scherzo und Finale ist, ähnlich wie Liszt in seiner einsätzigen H-Moll-Sonate eine solche Zusammenschiebung vornimmt. Wie J. S. Bach einzelne Kantaten als „Concerto" bezeichnete, so konnte Mahler diese zyklische Komposition als Symphonie, als „Achte", in die Welt schicken. Noch eher. Dort ist das „Concerto" (ein Instrumentalgebilde) nur die begleitende Bezeichnung, denn das Ganze ist entschieden auf dem Boden der Kantate erwachsen, hier war das Symphonische das Vorausbestimmende, während die Worte — so wichtig und bedeutend sie sind — für die Komposition das Sekundäre, das Begleitende sind. Darin liegt auch der Wesensunterschied von der Schumannschen Komposition des Goetheschen Textes, des Schlußteiles des „Faust", der da den Abschluß der „Szenen aus Faust" bildet. Bei Mahler ist er die textliche Unterlage des zweiten Symphonieteiles, der mehrere Sätze umfaßt, wie dies schon früher bei Symphonien Mahlers der Fall war. Der Hymnus „Veni creator spiritus" ist vollständig sonatenmäßig gegliedert und eingeteilt. Die Form war so bestimmend, daß dem Künstler während der Komposition Textteile für den Schluß fehlten und er nachträglich noch die Doxologie heranzog — und dies entsprach sonderbarerweise auch dem kirchlichen Gebrauch, der liturgischen Verwendungsart bei Psalmen und einzelnen Hymnen.

So steht denn das formale Moment im Zentrum der ganzen symphonischen Produktion Mahlers, wie in seinen Liedern der Strophenbau. Mahler hat ebensowenig die Symphonienform gelockert und zerstört, wohl erweitert und teilweise umgebaut, wie Beethoven, Schubert, Bruckner, Brahms, deren Werke wie darin, so im allgemeinen die Ahnen seiner Symphonienfamilie sind. Am stärksten schlägt der Atavismus Beethovens durch. Der Einfluß Schuberts ist bemerkbar im zweiten Satz der „Zweiten", im zweiten Thema des ersten Satzes und im Trio des Scherzos der „Ersten". Die „moderne" Haltung und Behandlung schließt sich anfangs dem Vorgange Bruckners an, sowohl orchestral wie durch chorale Anklänge und die Art kontrapunktischer Behandlung. Spezifisch österreichische Einschläge machen sich dauernd geltend durch Verwendung von Weisen seiner mährisch-böhmischen Heimat (wie allenthalben, so besonders im dritten Satz der „Zweiten" und „Dritten" und noch im zweiten Satz der „Neunten"), ferner in den Scherzi, in denen Ländler und Walzer in Umbildung und Synthese verarbeitet werden (wie in der „Ersten", so auch in der „Neunten" usw.). Das österreichische Soldatentum spielt, wie erwähnt, eine nicht unwesentliche Rolle.

Mahlers Kunst ist kein Konglomerat aus diesen Bestandteilen, sondern eine Neugeburt aus des Künstlers Urwesen, aus seiner Eigenanlage. Das Wort „Eklektizismus" ist auch bei Mahler angewendet worden, besonders von solchen, deren Anschauungen aus den Aufstellungen in Chamberlains „Grundlagen des 19. Jahrhunderts" (den schiefen Grundlagen, wo alles Wahre abgleitet) und ähnlichen literarischen Erzeugnissen gebildet oder richtiger durch diese verbildet sind. Mahler steht auf dem festen Grunde deutscher Bildung, wie seine genannten Vormeister. Aus seiner jüdischen Abstammung ließe sich vielleicht die stellenweise hervortretende Überschärfung der Ausdrucksgewalt, die fanatische Übertreibung in der Wiedergabe seiner seelischen Regungen erklären. Ob dies aber wirklich einzig darauf zurückzuführen ist, bleibt eine offene Frage, denn auch bei urdeutschen Meistern ist es bemerkbar. So bei Richard Wagner, der, wie er „sich nur wohl fühlte, wenn er außer sich war", so den Ausdruck ins Extreme, ins Extremste steigerte. Und gerade da ist seine Macht am größten,

wie im „Tristan". Mahler als Anhang von Berlioz
zu bezeichnen, ist stilkritisch ein arger Irrtum, so=
wohl in der Art der Stimmführung, als auch in
der ästhetischen Haltung; denn wie ihm das Pro=
grammatische fernlag, so sah er das Klangliche
nie als Selbstzweck an und benutzte es als bloßes
Mittel; wohl lernte er auch von diesem Farben=
künstler. Daß er in koloristischer Meisterschaft
Berlioz gleichkommt, ist eine Folgeerscheinung der
Ausdrucksmacht der Mahlerschen Kunst und des
Klangsinnes des Meisters. Sie wendet sich, wie
jede echte Kunst, an alle musikalischen Kultur=
nationen, die sie auch mählich zu erobern ver=
mag. In den Aufführungen des „Allgemeinen
Deutschen Musikvereins", in dem besonders
Richard Strauß als Vorsitzender, auch Hermann
Kretzschmar dafür eintrat, hat Mahler seine
ersten Eroberungen gemacht, die von Dauer
waren; in den philharmonischen Konzerten der
Deutschen Prags hat er seine ersten Siege er=
fochten, in München, Mannheim, Graz, Amster=
dam sowie in andern Städten hat er dauernde
Erfolge errungen, in Wien hat er später eine
starke Gemeinde erworben. In den beiden erst=
genannten Städten wurden Mahler=Feiern ver=
anstaltet. „Das Genie Gustav Mahlers ist re=
präsentativ im Sinne der großen Traditionen
deutscher Musik", sagt Gerhart Hauptmann, und:
„Er hat die Dämonie und Feuermoral deutscher
Meister". „Es gibt wohl keinen deutschen Musiker,

der sachlicher lebt als Mahler", ruft der Grazer Musikschriftsteller Ernst Decsey mit Emphase. Sicher ist, daß Mahlers Melodik auf dem Boden der heimatlichen Volksmusik erwachsen ist, seine Satzweise sich an der Thematik der obgenannten Meister herangebildet hat, daß seine Lieder schon in sprachlicher Behandlung die engste Zusammengehörigkeit des Tonsetzers mit dem Wortdichter, bei den von ihm verfaßten und vertonten Gedichten die untrennbare Einheit deutschen Sprach- und Musikgefühls offenbart. Wer zudem Wagner, Beethoven, Mozart, Lortzing u. a. so stilrein aufführte wie Mahler, und dies zumeist ohne äußere Vorbilder, sondern aus sich heraus, aus Intuition, der ist ein wahrer deutscher Künstler, der wie jeder universale Meister die Fähigkeit besaß, sich auch in andere Stilrichtungen einzuleben.

Im Dirigieren eigener und fremder Werke gab sich die Person des Leiters und das geleitete Kunstwerk gleicherweise kund. Er vertiefte sich in das Werk, und dieses zog ihn an sich, so daß er sich ihm restlos hingab. Subjekt und Objekt wurden eins. Indem er das Kunstwerk nachbildete, führte er die mit ihm Wirkenden und von ihm Geführten, seine Gefährten, mit unwiderstehlicher Suggestionskraft und zog sie zu seiner Auffassung heran. Er ließ jedem Mitwirkenden gerade so viel Freiheit, als ohne Verletzung der einheitlichen Wiedergabe irgend möglich war. Er holte aus den Spielern das Äußerste ihrer Leistungsfähigkeit heraus und stellte alle in den Dienst des Werkes. Er machte sie dabei seinem Willen untertan, und mit Feldherrnblick verteilte er die Teile der Truppen nach Generalplan, der in dem Musikstück selbst gelegen, und nach der Situation, nach den vorhandenen Kräften eingerichtet wurde. Bei den Proben konnte man beobachten, wie Schritt für Schritt das Terrain gewonnen und erobert wurde, wie bei dem minutiösen Ausfeilen der kleinsten Details der Blick auf den Zusammenhalt des Ganzen gerichtet war. Bald gibt er eine vergleichende Erklärung, bald bläst und geigt er mit Kehle und Lippen ein Motiv oder einen Gang vor, zeichnet mit Arm und Hand die Linien, die Art der Bewegung, stößt in die Luft, wächst beim Crescendo zu einem Riesen empor, verkleinert sich beim Decrescendo zu einem Zwerg, entlockt mit seinen Mienen, den dräuenden Brauen, den bittenden Mundwinkeln, der gefurchten Stirn das Intimste und die größte Spannkraft vom pppp bis zum ffff. Er ermuntert mit humoristischen Worten, tadelt in sarkastischer Weise — immer nur, um den Spieler, den Sänger zu „neuen Taten" anzuspornen. Er erzählt ein Geschichtchen, das die Phantasie neu beleben soll. Die leiseste Mittelstimme im vielstimmigen Satz erhorcht und rügt er, wenn sie falsch erklingt; mitten im tosendsten Ansturm weist er den Ton eines Instrumentes zurück, das nicht richtig ange-

❀❀❀❀❀❀❀❀❀❀❀❀❀❀❀❀❀❀❀❀❀❀

setzt hat, bemerkt einen Sänger im großen Chor, der eine Oktave zu tief intoniert, einen Geiger im Tutti, der den Ton richtig, aber auf der ungeeigneten Saite anstreicht. Aus für einzelne Aufführungen seiner Symphonien und andern Werken eigens zusammengestellten, richtiger zusammengewürfelten Orchestern schafft er in wenigen Proben einheitliche Instrumentalkörper. Bei Klavierproben für Oper und Konzert meisterte er in vollendeter Weise das Instrument, mit dessen Klängen er die Sänger begleitete. Er vermochte die Illusion des Orchesters zu geben und hielt sich dabei in den Grenzen, die den Gesangsstimmen gegenüber eingehalten werden müssen. Im Ensemble von Kammermusikstücken bewährte er sich als feinfühliger Genosse seiner Partner — da zeichnet er mit feinen Linien im Rahmen des Miniaturbildes; Kammermusikspiel pflegte er mit Vorliebe. Als Akkompagnateur von Liedern vermochte er dem Sänger sich anzuschmiegen und zugleich ihn zu führen, ohne diese Führung fühlen zu lassen. In Einzelproben von Bläsern, von Streichern suchte er das Klangverhältnis zum Gesamtorchester festzuhalten und jeder Spieler mochte sich dabei gleichsam als Solist fühlen.

Wie er ganz im Kunstwerk aufgeht bis zum letzten Nerv, so erwartet er es auch von seinen Mitarbeitern. Er will nicht nachgeben, bis alles erreicht ist, was ihm erreichbar erscheint. Er verlangt Fortsetzung der Probe, Wiederholung und

Vermehrung. Da stößt er an des Widerstandes realste Mächte — den Musikern ist des Lebens Erwerb von gleicher Wichtigkeit, die übervolle Anspannung unliebsam. Den meisten Menschen erscheint es als unverzeihliches Vergehen, ihnen unbequem zu werden — besonders auch gewissen Musikern. Daraus entstanden in Wien Konflikte — nicht in lauter Opposition sich äußernd, sondern in wachsendem stillen Grolle, der sich sammelte und in der Folge in Scherbengerichten Luft machte. Werke, die, obzwar sie ihn am Anfang nicht sympathisch berührten, von ihm zur Aufführung angenommen wurden, sei es, daß er sich ihnen allmählich näherte, wie dies z. B. bei Pfitzners „Rose vom Liebesgarten" der Fall war, sei es, daß er sich ihnen, durch verschiedene Umstände bestimmt, nahebringen mußte — was allerdings ganz ausnahmsweise geschah — solche Werke behandelte er mit der gleichen Aufmerksamkeit und dem gleichen Pflichteifer wie Werke, die Fleisch von seinem Fleische, Seele von seiner Seele waren, ob sie von andern oder von ihm geschaffen waren. Nichts haßte er mehr als das Handwerkertum im Reiche der Kunst — nicht zu verwechseln mit dem Handwerkszeug des Musikers, dem „goldenen Handwerk" der Kunst in Schaffen und Nachschaffen. Er konnte sich wie der Jüngling im „Entfesselten Prometheus" erzürnen:

„Handwerker sind die, die um schnöden Lohn,
Die großen Väter äffend, Kunst erkünsteln!
Ja, glüht in ihrer Brust die tiefe Sehnsucht,
Der schmerzensreiche Drang nach ihrer Göttin?
Sie glauben nicht an ihre eigne Sache,
Darum wird ihnen nimmermehr geglaubt!
Sie können nicht ergreifen, denn sie selbst
Sind nicht ergriffen! . . . ."

Diese Worte Lipiners waren gleichsam ein Geleitbrief des Wirkens seines Freundes Mahler. Er konnte ergreifen, weil er selbst tief ergriffen war, im heiligen Opferdienst seiner Kunst.

Wenn der kleine Mann mit den lebhaften Bewegungen sich dem Pulte näherte, trat Stille ein. Er grüßte mit freundlicher, klarer, sympathischer Stimme die Musiker, die, sobald er den Taktstock erhob, von seinem Blicke gebannt, seinem führenden Willen sich ergaben. Aus seinen Zügen spricht Ernst und heiliger Eifer, die leuchtenden Augen verbreiten Licht und Helligkeit, bei mystischen Stellen wie verträumt dreinblickend; im kraftvollen Kinn äußert sich energischer Wille wie in den belebten Flügeln der scharfgeschnittenen Nase und in der hohen Stirn, in die sich Falten legten, sobald Zweifel und Zorn sich erhebt, wogegen aus den feinen, schmalen Lippen ein mildes Lächeln sprechen kann. In allem überlegend und überlegen läßt er sich in seinen Körperbewegungen frei ergehen, manchmal ins Groteske, mit nervösem Zucken und Aufschlagen des Fußes. Doch seine Bewegun=

gen wurden im reiferen Alter immer konzentrierter. Die Arme scheinen sich mit der notwendigen Angabe von Takt und Tempo begnügen zu wollen, Auge und Miene bohren sich in die aufmerksam Aufsehenden ein, Handgelenk und Fingerspitzen leisten mehr als früher Arme und Füße. Mahlers Dirigieren vergeistigte sich immer mehr und mehr, und der Wille teilte sich wie in elektrischen Entladungen mit, die dem Auge des Zuschauers unsichtbar blieben. Mahlers Arbeit im Dirigieren und Komponieren verinnerlichte sich stetig. Dies zeigt sich besonders in der stilistischen Faktur seiner Werke. Die Bögen der Melodien bleiben weit gespannt, allein die Motivik wird immer komplizierter, das Stimmengewebe intrikater und verdichtet sich stellenweise zu einem fast undurchdringlichen Dickicht. Die Stimmungen werden aus den verborgensten Winkeln der Seele herausgeholt, und alle Regungen und Strebungen werden in der stets wachsenden Verklitterung zu fassen gesucht. Vielleicht ging er darin zu weit. Jedenfalls ist er auch darin einer der Stilführer seiner Zeit, ein echter und rechter Vertreter der „Moderne" des letzten Jahrzehnts des vorigen und des ersten Jahrzehnts unseres Jahrhunderts. Er vermochte sich immer freier zu entfalten und hielt doch fest an den überkommenen Formen. Die Mittel vermehrt er, bereichert die Koloristik, intensifiziert den Ausdruck, vervielfältigt die harmonischen Reize, bleibt dabei mehr oder weniger auf diatonischer Grundlage, so sehr er die leiterfremden Töne verwendet und sie mit den leitereigenen verbindet — in gleichzeitigem Erklingen, mit kühnster Benutzung von Vorhalten (oft gehäuft), Antizipationen und Durchgängen. Innerhalb seiner Diatonik (nicht absolut, nur der Intention nach) sind übermäßige und verminderte Intervalle, Querstände aller Art verwendet, mit möglichster Vermeidung der direkten chromatischen Harmonik, wohl aber mit Anbringung chromatischer Läufe als klangsteigernder koloristischer Mittel. Dur und Moll assoziieren sich bei ihm gleichsam in einer und derselben Grundtonart, er bindet sie nach- und miteinander. Die Folge von Dur-Moll in einem Akkorde (Beibehalten von Grundton und Dominante, Wechsel von großer und kleiner Terz) ist gleichsam ein Symbol für Freud und Leid, die im Leben so rasch und unmittelbar aufeinanderfolgen, ein tonliches Spiegelbild der Lebenserfassung in Optimismus und Pessimismus, die in den Werken des Tondichters Mahler ohne Tendenz ausschließlicher Geltung nach der einen oder andern Seite hervortreten. Bald kommt eine plötzliche Wendung von Moll zu Dur, wie im zweiten Satz der „Vierten", bald bildet der Klang Dur-Moll das Leitmotiv für eine ganze Symphonie („Sechste") und wieder aufgenommen im zweiten Satz der „Siebenten", schon angeschlagen im ersten Satz der „Zweiten", von besonderer Bedeutung im „Lied von der Erde" (erstes, zweites und letztes Stück, „Abschied", das zwischen Moll und Dur schwebt). Dann kombiniert er sie gelegentlich, wie überhaupt verschiedene Tonarten im gleichzeitigen Erklingen verknüpft werden — eine Wesenseigenschaft des Stiles der Meister unserer Zeit. Harmonische Steigerungen und Niedergänge werden mit Mitteln erreicht, die neu sind und ebenso der Detailbeschreibung würdig wären wie die durch die Verbindung der Stimmen sich steigernden Kombinationen, die rhythmischen Steigerungen und Senkungen überhaupt. In all dem unterscheidet er sich von den Zeitgenossen und wirkt stilbildend. Er schiebt die Tonarten (auch Kreuz- und Betonarten), das harmonische und melodische Mollsystem, Dur und Moll ineinander, auch hier nur dann, wenn das Außergewöhnliche zum Ausdruck gebracht werden soll, wenn die melodischen Eigengänge, die zusammengeführt werden, solche harmonische Behandlung als logische Konsequenz nach sich ziehen. Unvermittelt folgen Tonarten aufeinander, in tonlicher Spiegelung des Überraschenden, so besonders markant im Scherzo der „Fünften" (B-Dur—D-Dur), im ersten Satz der „Sechsten" (E-Moll—C-Dur) u. a. In einzelnen Liedern und Symphonien schließt er nicht in der Tonart, in der er begonnen hatte, nicht aus Skurrilität, nicht wegen Insuffizienz der Kraft des Zusammenhaltens, wohl aus psychologischen Motiven, so schon in Liedern des „Fahrenden Gesellen", „Ging heut morgens übers Feld" und „Die zwei blauen Augen von meinem Schatz". Der Wanderer kommt in eine Richtung, die von der ursprünglich eingeschlagenen abweicht, die Augen des Schätzleins führen wohl seitab. Ebenso im Zyklus der Symphonie. Die „Fünfte" beginnt in Cis-Moll, endet in D-Dur, die „Siebente" H-Moll–C-Dur, die „Neunte" D-Dur—Cis-Moll mit tiefem Sinn, dort ein Aufschwung, hier ein Sinken, besonders bedeutungsvoll in der letzteren, in deren Schlußsatz der Tondichter gleichsam Abschied nimmt. Alles entstammt der inneren Not, dem Drange, nicht aus Sucht zu reizen, und nicht in der Absicht zu blenden. Solche Vorwürfe wurden von Gegnern erhoben, die nach Wagnerschem Rezept bei andern Effektsucht wittern.

Die rhythmischen Gliederungen vermannigfaltigen sich sowohl in der Linie der Einzelmelodie durch stellenweise rasch wechselnde Taktarten, auch in der Verbindung mehrerer Melodien, die dort und da, selbst mit Außerachtlassung geregelter Stimmführung, in heterophoner Art aneinanderstoßen — wie die Widerstände im Leben, wie die Gegensätze der Natur: denn (wie Goethe sagt) in der Natur ist alles, das Rauhe, Gelinde, das Liebliche und Schreckliche, das Kraftlose und Allgewaltige. Man könnte hinzufügen, das Schöne und Häßliche. Das Rauheste findet sich in den Symphonien wiedergegeben, so im zweiten Satz der "Sechsten". Der Humor steigert sich manchmal ins Wilde, Groteske (wie im zweiten Satz der "Fünften").

Die melodischen Gänge reiben sich stellenweise in Sekunden oder Septimen oder Nonen aneinander, sei es, um die Eigenzügigkeit der hart im Raume sich stoßenden Stimmen zu wahren, sei es in unerbittlicher Wiedergabe der Unerbittlichkeiten des Lebens, der Kakophonien des Seelenlebens. Dort gehen sie in Quarten nach Art der alten Niederländer oder in modern koloristischem Dienst, zur gegenseitigen Klangverstärkung. Auch Quintengänge dienen solchem Zwecke, oder Quinten- und Oktavenparallelen zeigen einen archaisierenden Charakter, sie sind "organal" geführt in der Art primitiver Musikbehandlung, an der Schwelle der Kunst stehend; dann haben sie gelegentlich einen gleichsam rustikalen Charakter, in bäuerlicher Art, wie dies schon in den Villanellen des 17. Jahrhunderts üblich war, besonders drastisch im dritten Satz der "Dritten". Die Naivität solcher Stimmführung, die in altehrwürdige Kirchengebräuche zurückleitet, kann die Tondichtung in höhere Regionen geleiten, so im Auferstehungschor der "Zweiten", im vierten Satz der "Vierten" ("St. Peter im Himmel sieht zu") und in hochwichtigen Stellen der "Fünften" und "Achten".

Mit auffallender Vorliebe stützt Mahler einfache und komplizierte Teile auf Orgelpunkte, oben, unten, in der Mitte. Von der Möglichkeit, fortsingende Stimmen in allen Lagen zu bringen, macht er so ausgiebigen Gebrauch wie wenige Meister. Ganze Teile werden so tonlich gestützt, so das Trio des zweiten Satzes der „Zweiten", der Anfang des zweiten Satzes der „Achten", da durch 164 Takte das dreigestrichene Es in der ersten Violine erklingt, während die andern Streichinstrumente auf einem Motiv festsitzen, — ein tiefsymbolischer, unheimlicher Zug des da zum Ausdruck gelangenden Anachoretencharakters. Orgelpunkt und Ostinato gehen unmerklich ineinander über: so schwankt der „feste" Ton im dritten Satz der „Zweiten" zwischen E und Es, Bässe murmeln Quasi-ostinato-Töne, die fast oder wirklich ein Motiv sind, im ersten Satz der „Zweiten", im fünften Satz der „Dritten", im zweiten Satz der „Sechsten". Oder ein Akkord beharrt mit blödem, törichtem Eigensinn wie ein Verrannter auf seinem Recht des Erklingens, wie zur Belustigung, unbekümmert um das, was daraus harmonisch entsteht — wie im Leben: Hauptthema des ersten Satzes der „Siebenten" mit dem rhythmisierten E-Moll-Akkord in der zweigestrichenen Oktave. Dann gerät ein Ton allmählich in Bewegung. Der Halteton wird in rhythmische Unterteile aufgelöst, mit Ornamenten und Melismen umschrieben, in Motive umgesetzt, die mit einer Beharrlichkeit wiederholt werden, die auf Beethoven weist und besonders auch in Meisterwerken des 17. Jahrhunderts beliebt war, freilich in anderer Art der Ausführung und aus anderen psychischen Motiven hervorgegangen. Die polyphone Schreibweise zieht mit wachsender Bedeutung für die Gesamtstruktur in seinen Stil ein. Von der „Fünften" an werden seine Leistungen darin außergewöhnlich. Kanons verwendet er nur selten, wie im zweiten Satz der „Fünften" (eine Episode zwischen Holzbläsern und Celli), dagegen führt er die Fugenarbeit in Verbindung mit Sonatensatz oder Rondo im Sinne des letzten Beethoven weiter, so im dritten Satz der „Zweiten", im letzten Satz der „Fünften" (Tripelfuge), in der Durchführung des ersten Satzes der „Achten" (Doppelfuge), im dritten Satz der „Neunten" (mit der Aufschrift im Manuskript „an meine Brüder in Apoll'"). Schon im zweiten Satz der „Zweiten" setzt er einen schlank gewachsenen Gesang des Violoncells, eine süße Weise, als Kontrapunkt zum ersten Thema (im doppelten Kontrapunkt); im ersten Satz erscheint der zweite Teil des ersten Themas vorerst als Kontrapunkt. Doch steigern sich die Künste besonders in der „Fünften", „Sechsten", „Siebenten", in deren erstem Satze das Hauptthema in gerader und Gegenbewegung mit dreifacher Engführung erscheint. Doppelte, dreifache Augmentationen, Diminutionen stellen sich mehrfach ein und solcher Mittel viele. Variationen im eigentlichen Sinne, als selbständige

form, begünstigt er nicht, der dritte Satz der
„Vierten" bringt solche in freier Ausführung, als
Metamorphosen der Hauptmelodie. Dagegen ist
die Variierung der Themen ein Hauptmittel der
Konstruktion und vermannigfaltigt sich in den
Werken seit der „Fünften". Seine Lehrer dürften
darauf zu wenig Gewicht gelegt haben. Je mehr
er sich in die symphonische Arbeit vertieft, je
mehr er in diese eindringt, desto mehr wächst
sein Geschick.

Ein köstliches Kleinod gerade in dieser Be=
ziehung ist „Das Lied von der Erde" — auch auf
symphonischem Grunde erbaut. Er zerlegt da die
Themen in ihre Urbestandteile, bildet aus diesen
neue Weisen und verteilt das Material in alle
Stimmen. Sein Hauptaugenmerk ist auf klare
Gliederung gerichtet. So weit er die Bögen
spannen möge — die Themen an sich weiten sich
in bis dahin unerhörter Weise (vergl. meinen
„Stil in der Musik") — so sehr ist sein Augen=
merk auf Logik des Ausbaues gerichtet. Auf=
und Abstieg der Themen ist von eindringlichster
Plastik. Man sieht manchmal die Themen ent=
stehen — aus den Eingangsmotiven werden sie
vor Aug' und Ohr entwickelt, geboren, so in den
ersten Sätzen der „Dritten" und „Sechsten" und
in deren Schlußsatz. Sie werden dann wieder
verkleinert, verkürzt, erweitert; einzelne Themen
stehen im näheren und ferneren Verwandtschafts=
grade zueinander, oder Teile von ihnen sind ähn=

lich (so im zweiten Satz der „Fünften"). Sie kombinieren sich miteinander, so im ersten Satz der „Siebenten", Haupt= und Seitenthema. Manchmal häufen sich die Nebengedanken in einer Art, die selbst den aufmerksamen und geübten Hörer verwirrt, so im Scherzo der „Fünften", im Finale der „Sechsten" fast in babylonischer Turmbauart. In andern Fällen eliminiert er nachträglich Stimmeneintritte, die ihm unnötig erschienen, so im zweiten Satz der „Zweiten". Im Finale der „Siebenten" finden sich innerhalb weniger Takte die wichtigen Themen vereinigt, ebenso in der Reprise des ersten Satzes der „Fünften". Die Themen sind so eindringlich, scharf profiliert, daß ihre Physiognomie auch unter den Mummereien der Variierungen er= kennbar bleibt. Gewisse Idiotismen stellten sich ein, wie bei jedem Künstler von Eigenart; sie lassen sich von der „Ersten" an verfolgen, auch vom ersten Lied an — Mahlersche Wendungen, die besonders auch innerhalb der „Fünften" und „Sechsten" sich finden, zur Zeit, da Mahler seinen Eigenstil ganz ausgebildet hat und unwiderleg= lich dokumentieren, daß dieser Meister kein Eklektiker ist. Er beschränkt sich natürlich nicht darauf, nur in der Exposition das Material ein= zuführen, sondern bringt gelegentlich auch im weiteren Verlauf neue Themen. Schon Beethoven hat in der Durchführung des ersten Satzes der „Eroica" ein neues Thema gebracht, und so hält es auch Mahler im ersten Satz der „Zweiten". Dem großen Meister folgend, enthält auch in seinen Werken dieser Teil den Höhepunkt. In der Reprise werden die Themen oft in anderer Reihenfolge gebracht; der Stoff wird nach den Vorgängen der seelischen Bewegungen gestaltet bei Innehaltung der Hauptforderungen, der Grundpfeiler der betreffenden Formen. Auch wo freie Episoden, phantasieartige Gebilde in scheinbar ungebundener Gestalt eingeschaltet sind, ordnen sie sich in den Organismus der Regulärform restlos ein. Noch in der „Sechsten", die der tragischen Lebenserfassung in fast schwelgerischer Weise sich ergibt, werden die Exigentien streng formaler Behandlung so weit beobachtet, daß sie förmlich bestimmend auch auf den inneren Verlauf wirkten: äußerlich erkennbar durch die sonst nicht mehr übliche Wiederholung der Exposition des ersten Satzes.

Als Hilfsmittel behufs Klarheit und Eindringlichkeit dient neben der Ebenmäßigkeit des formalen Baues, der melodischen Linien die Perspektivik der Orchestrierung, die, so stark sie scheinen mag, nie die Deutlichkeit der Gruppierung verwischt. „Die Plastik der Instrumentationskunst Mahlers ist absolut vorbildlich", sagt Richard Strauß, wohl der berufenste Beurteiler koloristischer Behandlung. Die Gedanken und Ausdrucksweisen werden ins Klangbild umgesetzt. Erstere sind das Primäre, die Kolorierung das Sekundäre, wie es das gesunde Verhältnis ist. Daß sich mit einzelnen Themen die Klangfarben gewisser Instrumente schon bei der Erfindung verbanden, ist dabei nicht ausgeschlossen. Mahler gestand, daß es ihm oft schwer fiel, die passende Orchestrierung zu finden — so leicht er sich dies auch hätte machen können. So wurde die „Fünfte" sogar nach ihrer Veröffentlichung einer gründlichen Uminstrumentierung unterzogen, was in diesem Falle mit der Umbildung seines Stiles von der „Vierten" zur „Fünften" teilweise zusammenhängt. Auf der Palette seines Orchesters sind alle Farben, alle Mischfarben der Moderne zu finden, und er hat sie in nicht unerheblicher Weise vermehrt.

Die üblichen Streich= und Blasinstrumente bilden das Grund= und Hauptmittel, wie zur Zeit der Klassiker und Romantiker, nur vermehrt (einzelne Gruppen verdoppelt, verdreifacht) und mit neuen ergänzt, in noch mehr Stimmen zerlegt, darin in gleicher Weise vorgehend wie manche seiner Zeitgenossen. Die Es-Klarinette wird vom Militärorchester übernommen und war schon von Berlioz verwendet worden. Ihr Klang ist überscharf. Celesta, Guitarre, Mandoline sind schon von andern gebraucht worden, von niemandem in mehr kennzeichnender Weise als von Mahler. Klavier und Harmonium werden als klangvermittelnde, bindende Instrumente herangezogen. Die Sologeige wird dort und da umgestimmt, wie dies im 17. Jahrhundert nicht selten war und von einzelnen Virtuosen der nachfolgenden Zeit, besonders von Paganini, geübt wurde. Der Orgelklang in der „Zweiten" und „Achten" ist nichts Ephemeres in der Literatur und erscheint in diesen Werken Mahlers durch die poetische Stimmung geboten. Die Schlaginstrumente hat er in ungeahnter Weise differenziert und darin selbst Berlioz weit übertroffen (Pauken, große und kleine Trommel, Becken, Tamtam, Tambourin, Holzklapper, Xylophon); die Besenrute hat schon Mozart verwendet. Mahler lehrt sie eine Sprache, die früher unbekannt war; er füllt mit ihnen Generalpausen und gliedert sie in rhythmischer Weise, er macht sie dem Zwecke der Überleitung dienstbar. Sie werden als klangliche Hilfsmittel und als Begleiterscheinungen seelischer Regungen und Eindrücke verwendet, z. B. als Gespensterzeichen im ersten Satz der „Dritten". Im Finale der „Sechsten" erdröhnt zweimal (an verschiedenen Stellen) ein Hammerschlag (nach der Vorschrift „kurz, dumpf, mächtig hallend von nicht metallischem Charakter") als Verstärkung des Orchesterschlages, gleichsam ein dumpfer Schicksalsschlag. Glocken erklingen als sphärische Lebenszeichen oder wie zur Begleitung von Vorgängen der belebten Natur: im fünften Satz der „Dritten", in den ersten Sätzen der „Fünften" und „Achten". Sie ertönen auch aus Kindermund, wie von

Engeln angestimmt — als Himmelsglocken. Diese Nachahmung von Glockenstimmen findet sich schon in mittelalterlichen Tonstücken, auch zur Zeit der Hochblüte der A-capella-Musik. Die Herdenglocken in der „Sechsten" erklingen nicht in tonmalerischer Absicht, etwa um eine Kuh- oder Schafherde zu kennzeichnen. Mahler wollte, wie er erklärte, damit „nur ein ganz aus der weitesten Ferne verhallendes Erdengeräusch charakterisieren, das der auf einsamer Höhe Stehende erlauscht, als Symbol weltfernster Einsamkeit". Sie wiederholen sich im zweiten Satz der „Siebenten". Solche und ähnliche Klangwirkungen sind Ausnahmeerscheinungen im Gesamtklang seiner Werke. Auch ein Großmeister der Koloristik macht Versuche, die nicht immer gelingen. Wenn er einen Irrtum oder Mangel wahrnahm, änderte er, bis das zu Sagende klar und faßlich im Klangbilde sich mitteilte. Die ungewöhnlichen Lagen einzelner Holz- und Blechblasinstrumente dienen gleichem Zwecke wie die zeitweilige Vorschrift, daß sie mit hochgehobenem Trichter geblasen werden sollen oder daß die Spieler sich erheben sollen. Wer kann behaupten, daß darin ein Zuviel an Verdeutlichung angestrebt sei? Daß er nicht aus Farbensucht die Forderungen stellt, erkennt man schon daraus, daß er für die „Vierte" weder Posaunen noch Tuben verlangt. Im Adagietto der „Fünften" werden nur Streicher und Harfen verwendet.

Auch die Orchestrierung seiner Lieder zeigt, wie wählerisch er im Heranziehen der Klangfarben war und bald mehr, bald weniger verlangte. Der Vorwurf, daß seine Instrumentierung zuweilen überladen sei, ist von Verständigen auch gegenüber Wagnerschen Partituren, so besonders der des „Tristan", erhoben worden. Wer hat recht behalten? Alles ist nach seiner Art; wenn diese nur etwas sagt und bedeutet, dann muß man sie anerkennen und nicht in andere Art umsetzen wollen. Die Anschauung hat sich an das Objekt zu halten, sie wechselt ohnedies mit jedem Erschauenden, Erhörenden. Der innerste Lebensnerv der Musik ist und bleibt das melodische Element. In der Beobachtung dieser Grundthese unterscheidet sich Mahler gar sehr von manchem seiner „Brüder in Apoll'", die neben ihm wirkten oder seine Kunstübung fortzuführen vermeinen. Seine Weisen zeugen immer von Charakter und wirken überzeugend für den, der da kommt, um zu glauben. Sie sind nicht immer gewählt, dann will er das Vulgäre, das er als Antithese verwendet. Er läßt auch den Plebejer sprechen, stimmt bäuerische Weisen an, wie vor ihm Bruckner. Solche Weisen entbehren nicht selten der Originalität, so besonders, wenn er das Philistertum zeichnet, das Liebespaar der Gasse, den verliebten Postillon, den „Pülcher", der die Burgmusik begleitet (eine Wiener Spezialität), gaßab trödelt und die kostbare Zeit vertrödelt. Die Trivialitäten kann der Symphoniker wiedergeben, wenn sie, wie schon gesagt, auf dem Grunde ernster Lebensauffassung gelagert sind. Beethoven hat in seiner Pastorale die Dorfmusikanten geschildert, wie ihnen schlaftrunken der Ton stecken bleibt und sie erschreckt wieder einfallen. Wie es damals „ortsüblich" war in der Hinterbrühl, in Gaaden (wohin er sich zurückziehen wollte), so hat er es künstlerisch gefaßt und eingeordnet. Der Ton=„Mahler" des vanity fair hat andere Töne am Markt des Lebens gefunden, aufgelesen. Werden sie in einem Jahrhundert auch so veredelt klingen, wie heute die Töne der Dorfschenke bei Beethoven? Melodisch schwach sind z. B. das zweite Thema des ersten Satzes der „Sechsten", einige Themen der „Neunten", während das erste Thema dieser Symphonie zu seinen schönsten musikalischen Einfällen gehört. Mahlers Melodik schwebt zwischen Volkstümlichkeit und höchster Kunstentfaltung. Im dritten Satz der „Ersten" steht die Bemerkung: „schlicht und einfach wie eine Volksweise". Er will damit auch die Natürlichkeit im Vortrage kennzeichnen. Naturweisen werden ins moderne Kunstterrain hinübergezogen, sei es durch Umbiegung einzelner Töne, wie etwa noch im zweiten Satz der „Sechsten", sei es durch eine Fassung, die dem Kern eine ganz neue Einhüllung gibt. Septsprünge findet man in österreichischen Landweisen, die bei Mahler beliebten Nonsprünge sind auf dem Eigenboden der stets fortschreitenden Umbildung Mahlerscher Melodik erwachsen. Die sogenannten Choräle in Mahlers Symphonien gehören oft nur mehr dem Stimmungsgebiet des Chorals an und sind Eigenweisen in der Melodik des Künstlers. Als die motivische Synthese seine Technik beherrschte (seit der „Fünften"), betrat er musikalisches Neuland, so eigen auch seine Sprache in vorangegangenen Werken im einzelnen sein möge. Dies ist der natürliche Prozeß in jedem Künstler, der „selberaner" geworden ist, wie Schubert sagte, als man ihn fragte, ob er Mozartianer oder Beethovenianer sei. Mahlers Ausdrucksweise wird zur Eigensprache im allmählichen Ringen nach voller Entfaltung der Individualität. Dies ist ein organisch notwendiger Vorgang bei jedem Künstler mit eigener Physiognomie.

Wären Mahlers Jugendwerke erhalten, hätte er nicht mit unerbittlicher Selbstkritik alles vernichtet, was er bis etwa 1882 geschrieben hat (Kammermusik, Opern, „Herzog Ernst von Schwaben", „Argonauten", „Rübezahl", verschiedene Orchesterwerke, darunter eine „Nordische Suite oder Symphonie"), so könnte man die erste Periode der Entwicklung dokumentarisch belegen und beschreiben. Das „Klagende Lied", komponiert in Alter von 18 bis 20 Jahren, erfährt 1888 eine gründliche Umarbeitung durch Weg=

laſſung des dritten Teiles, Zuſammenziehung
der beiden erſten Teile und Kürzung der in=
ſtrumentalen Zwiſchenſpiele und nach geraumer
Zeit eine nochmalige Reviſion der Inſtrumen=
tation. Ihr Verhältnis zur erſten Faſſung
iſt nicht ſicherzuſtellen. Es iſt kein Lied, war
urſprünglich als Märchenſpiel für die Bühne
gedacht und wurde als Kantatenſtudie aus=
geführt. Der Text iſt von ihm nach einem von
Bechſtein erzählten Märchen gedichtet und ſcheint
mir poetiſch mehr beſchwingt als die Muſik,
die nicht geringe Anforderungen an Soli, Chor
und großes Orcheſter ſtellt. Sie ſchwebt zwiſchen
Konzert und Theater und kann ihre urſprüngliche
Beſtimmung für letzteres nicht verleugnen. Neben
einzelnen melodiſchen Wendungen zeigt ſie
Eigenzüge: im raſchen Tonartenwechſel (Cis-Moll—
C-Dur), im Gebrauch von harten Septimen=
akkorden, im raſchen Wechſel von fff und ppp.
Da neben dieſem Werk aus ſeiner Jugendperiode
nur einige unter dem Titel von „Jugendliedern"
(1885) erſchienene Lieder erhalten ſind, kann
der Hiſtoriker nicht die erſte Periode behandeln,
wenngleich er ſie als vorhanden annehmen muß.
Von dieſen Liedern lehnt ſich eines („Frühlings=
morgen") an Schumann an, ein anderes ſteht
am Boden des Volksliedes („Hans und Grete").
In den nachfolgenden Werken müſſen den obigen
Ausführungen zufolge zwei Perioden geſchieden
werden, wie dies auch von Bruno Walter erkannt

wurde: die erste (im Gesamtgebiete des Mahler=
schen Schaffens also die zweite) Stilperiode
umfaßt die Zeit von 1883 bis 1900. In ihr ent=
standen vier Symphonien, als besonders kenn=
zeichnend die „Lieder eines fahrenden Gesellen"
[1883] (von ihm auch gedichtet) und die Lieder
aus „Des Knaben Wunderhorn" (1888 bis 1900).
Mahler hatte diese Sammlung erst in Alter von
28 Jahren kennen gelernt, deren Geist aber schon
vorher (schon in der Dichtung vom „Klagenden
Lied") im Sehnen des Dichters erspäht; denn,
wie Goethe sagt, kennt der Dichter die Welt durch
Antizipation. Diese Sehergabe spielt in Mahlers
Leben eine besondere Rolle: so schrieb er die
Kindertotenlieder, bevor er seine geliebte erst=
geborene Tochter verloren hat. Er komponierte
den Schlußsatz des „Liedes von der Erde" und
der „Neunten" als Abschied vom Leben, bevor
der Todesengel ihn gestreift hatte. Im Lied er=
reichte er gerade in dieser zweiten Periode
vorerst seine volle Eigenart: „Reveglie", „Der
Schildwache Nachtlied" sind der eigenste Mahler,
ich möchte sagen, der „echte", wenn diese Be=
zeichnung nicht Mißdeutungen gegenüber andern
Werken zur Folge haben könnte. Sie sind so
ureigen, wie in der Folgezeit, in der folgenden
Periode „Ich bin der Welt abhanden gekommen",
„Um Mitternacht", „Die Kindertotenlieder"
(überhaupt die Rückertlieder) und „Das Lied
von der Erde", die Spitze der Liederpyramide.

Vom „Klagenden Lied" zum letztgenannten führt eine Weltreise, in völliges Neuland. Dort sind Spuren, hier die Erfüllung. Dieser dritten Schaffensperiode gehören neben den Rückertliedern und dem „Lied von der Erde" des weiteren die folgenden Symphonien („Fünfte" bis „Neunte") an. Der Italiener Casella (in Paris lebend) und der Franzose William Ritter wollen mit der „Neunten" eine neue Periode beginnen. Ich wüßte keinen plausiblen Grund hierfür. Die stilistische Faktur ist nicht verschieden, nur die Art der Ausführung und Zusammensetzung dem Stimmungsgehalt entsprechend. Mahler war von Lied, Kammermusik und Oper ausgegangen und beackerte in der Folge nur mehr die Gebiete von Lied und Symphonie. Als einer der gewandtesten Operndirigenten wandte er sich von der Opernproduktion gänzlich ab: für diese wurde er ein Führer in der Wiedergabe, für die Symphonie ein Pfadfinder und seine Werke werden ein Meilenzeiger für die Zukunft. Diese Abwendung von der Opernproduktion ist in der Natur Mahlers tief begründet. Die Opernmache beherrschte er, wie wohl wenige. Allein er wollte ganz eintauchen in das Reich der reinen Musik. Seine Dirigenten- und Direktionstätigkeit bot ihm den Lebenserwerb — er hatte für Geschwister und später für die eigene Familie zu sorgen.

Man nannte ihn den „Sommerkomponisten". Im Winter führte er gewöhnlich das aus, was er im Sommer, während der Ferien, konzipiert hatte. Im Augenblicke, da er die Oper verließ, gehörte er sich an, kehrte „zu seiner Weise" ein, wie Beethoven sagte, als er sich von der Oper abwandte. Weltentrückt schuf er in ländlicher Zurückgezogenheit seine Symphonien. Das Schaffen war ihm Erholung. Da sang er seine Lieder, die wie Vorhallen zu seinen symphonischen Gebäuden erscheinen. Erstere sind die intimen Seelenlandschaften, letztere die großen Seelengemälde; Genrebilder neben tondichterischen Darstellungen des Kosmos. Die musikalische Seele, die beide Gattungen belebt, ist die gleiche und verbindet sie in eins. Wie die Lieder der mittleren Periode in die Symphonien der gleichen Zeit hinübergezogen sind (im ersten Satz der „Ersten" ein Lied des fahrenden Gesellen „Ging heut morgen übers Feld", motivisch im dritten und vierten Satz wiederkehrend, im dritten Satz der „Zweiten" die „Fischpredigt des hl. Antonius von Padua", im Scherzo der „Dritten" „Der Kuckuck hat sich zu Tode gefallen"), so finden sich allüberall in seinen Symphonien Beziehungen zu Stellen aus seinen Liedern. Sein letzter Liederzyklus „von der Erde" ist — ich möchte sagen — eine Symphonie im Innern, sogar mit Anlehnung der formalen Behandlung einzelner Teile. Die „Neunte" ist geradezu die volle symphonische Verarbeitung des im „Lied von der Erde" enthaltenen tonpoetischen Stoffes, so stimmt besonders der erste Satz mit dem „Abschied" überein. Indem er in der Liedkomposition von der strophischen Behandlung als Grundlage der Vertonung ausgeht, verbindet er diese mit spezifisch musikalischer Ausarbeitung und gelangt so zu Gebilden, bei denen die letztere als das Ausschlaggebende, formbestimmende erscheint, besonders durch motivische Verarbeitung in Zwischenspielen, wie dies in Liedern der dritten Periode, vorerst im Anschluß an den Vorgang von Schumann und Brahms, dann in gemeinsamem Vorgehen neben Hugo Wolf, Richard Strauß u. a., hervortritt. Das wäre im einzelnen zu untersuchen und nachzuweisen. Seine Lieder werden auch koloristisch ins Orchestergebiet übergeleitet. Es sind da instrumentierte Kammerlieder von eigentlichen Orchestergesängen zu unterscheiden. Erstere im Sinne der „großen Kammermusik" des 17. und der ersten Hälfte des 18. Jahrhunderts, die nicht so sehr für die kleine Kammer oder die bürgerliche Stube, als vielmehr für die große fürstliche Kammer der früheren Zeit geschaffen und wohl für den kleinen Konzertsaal unserer Zeit geeignet ist. Ich möchte die Lieder „Blicke mir nicht in die Lieder", „Ich atmet' einen linden Duft", „Ich bin der Welt abhanden gekommen", „Rheinlegendchen" und den Zyklus der Kindertotenlieder trotz der koloristischen Gewandung als eigentliche Kammermusik ansehen, die andern instrumentierten

Lieder als eigentliche Orchesterlieder, für den großen Konzertsaal bestimmt. Es sind deren zwölf nebst dem „Lied von der Erde". Im ganzen hat Mahler 42 Lieder komponiert. Die Bezeichnung „symphonische Lieder", die Philipp Spitta für die Brahmsschen Gesänge verwendet, ist im höheren Sinne für die Lieder von Mahler anwendbar. Sie umfassen Natur, die Welt der Kinder und Großen in den mannigfaltigsten Stimmungen der Liebe, weltlich und heilig, vollste Hingabe in absteigender Linie bis zur Resignation, die in verklärtester Weise in dem unvergleichlichen „Ich bin der Welt abhanden gekommen" zum Ausdruck kommt. Parodistische Wendungen finden sich in einzelnen Liedern, ausdrücklich so bezeichnet im „Aus! Aus!", da der Soldat von seinem Liebchen Abschied nimmt (im „kecken Marschtempo") und dieses in den Antworten zu erkennen gibt, daß beide sich irgendwie trösten werden. Eine banal travestierende Wendung ähnlicher Art im „Trost im Unglück", dem Zwiegespräch von Husar und Mädchen. Bezeichnungen markanter Art finden sich sowohl in Liedern wie besonders in Symphonien: im dritten Satz der „Ersten" auch „mit Parodie", zur Charakterisierung des Bildes der den Leichenzug des Jägers begleitenden Tiere des Waldes, ein Trauermarsch mit Benutzung des Studentenkanons „Bruder Martin". In den Symphonien steigern sich Anweisungen ins Ex=

treme, z. B.: „in großer Wildheit" (vierter Satz der „Ersten"), „mit großer Vehemenz" (im zweiten Satz der „Fünften"), „mit roher Kraft" und „wie gepeitscht" in der „Sechsten". Solche Stellen dürfen im Vortrag ebensowenig aus dem Rahmen des Ganzen gerissen werden, wie dies der Komponist in formaler Behandlung vermeidet. Alles ist eingeordnet, bei den Liedern in das Grundgerüst der textlichen Vorlage. Freilich erlaubt er sich da manche Änderungen — mit Rücksicht auf spezifisch musikalische Momente. Wenn ganz ausnahmsweise in der Deklamation eine Abweichung vorliegt, wie etwa im „Urlicht" (vierter Satz der „Zweiten") beim Worte „abweisen", so ergibt sich dies aus dem musikalischen Kontext in natürlicher, fast zwingender Weise. Wenn er in vielstrophigen, durchkomponierten Liedern Strophen ausläßt, geschieht es entweder aus Rücksicht auf die Ökonomie des musikalischen Gebildes oder im Hinblick auf die Untauglichkeit, die Ungeeignetheit der betreffenden Worte. Wenn er Worte, Sätze, Verse einfügt, z. B. im Auferstehungslied von Klopstock (im Schlußsatz der „Zweiten"), so verlangt dies der musikalische Gedankengang oder es ist die Erfüllung einer poetischen Forderung des Tondichters. Er schiebt auch gelegentlich zwei Texte in einen Gesang zusammen, wie im „Wer hat dies Liedlein erdacht?" oder in der Schlußnummer des „Liedes von der Erde" — damit ist ein Stimmungsbild geschaffen, das etwas ganz Neues bringt, ein Neuerzeugnis des Wort- und Tonpoeten Mahler, eine Umgießung der beiden Vorlagen. Durch ausnahmsweise Wiederholung von Textstellen gewinnt die musikalische Stelle an Eindringlichkeit. Die bloße Sangesfreudigkeit läßt sich in Melismen ergehen, so in „Wer hat dies Liedlein erdacht?" — ein mitreißender Strom von Koloraturen. Von den 428 Liedern, die Rückert unter dem Eindruck des Todes seiner Kinder gedichtet, wählt Mahler fünf und schafft einen Zyklus, dessen Stimmung mit erschütterndem Ausdruck edelste, vornehmste Haltung vereinigt. Er endet mit einer Weise, die rhythmisch an ein Wiegenlied anklingt — die Kinder ruhen in der Erde wie von der Mutter gewiegt! Der Trost lindert den unsäglichen Schmerz, der eigentlich unstillbar ist! Einheitlicher, noch konzentrierter ist der Zyklus des „Liedes von der Erde" trotz der einander gegenüberstehenden Stimmungen, die in Gegensätzen aufeinanderstoßen. Diese Macht der Konzentrierung vermag nur die Musik in der vollendeten Meisterschaft des Künstlers zu üben. Die fünf Gesänge ruhen auf einem Grundmotiv (a_2 g_2 c_2), dessen Töne in allen möglichen Varianten, Umformungen in gerader, umgekehrter, rückgängiger Folge erscheinen. Optimismus und Pessimismus stoßen hart im Raume aneinander. Ersterer besonders in Nr. 3 „Von der Jugend", in Nr. 4 „Von der

Schönheit", deren Motive sich nahe stehen, letzterer besonders in Nr. 2 "Der Einsame im Herbst" und Nr. 6 "Der Abschied", hier in einer wechselseitigen Mischung und Abfolge, die schon in Nr. 1 "Das Trinklied vom Jammer der Erde" und Nr. 5 "Der Trunkene im Frühling" Vorgänger hat, dort (in Nr. 6) zur Abklärung gelangt im Bewußtsein, daß nach dem Tode des einzelnen "die liebe Erde allüberall im Lenze blüht und aufs neue grünt" und in der Musik zu den Worten "O Schönheit, o ewigen Liebens, Lebens trunkene Welt" poetisch und musikalisch ihren Höhepunkt erreicht. Alles ist ins Erhabene gezogen; dies wird auch nicht gestört durch das Bild des Affen (in Nr. 1), der im Mondschein auf den Gräbern hockt, "eine wildgespenstige Gestalt", deren Spuk dem Künstler und Menschen Mahler so widerwärtig schon im Leben mitgespielt hat! Die Texte sind der Gedichtsammlung "Die chinesische Flöte", Nachdichtungen chinesischer Lyrik von Hans Bethge, entnommen und in freier Weise zusammengestellt. Die Gefühls= und Stimmungswelt der vier Dichter aus dem achten Jahrhundert, an deren Spitze Li=Tai=Po steht, ist von dem Tondichter in einer Weise erfaßt, daß ein fast restloses Ineinanderaufgehen alter und neuer Kultur zuwege gebracht ist. Über die Grenzen zweier Künste und über einen Zeitraum von 1200 Jahren wird eine Verbindung gezogen, als ob "Alt" und "Neu" sich völlig glichen: mit den Mitteln einer neugeschaffenen, modernen Kunst. Die Verwendung der Fünftonreihe altchinesischer Musik im dritten und vierten Stück und des daraus genommenen Abschnittes im Grundmotiv des Zyklus ist nur eine begleitende Zufallserscheinung. Die Tenorstimme (bei zwei), Alt oder Bariton (bei vier Gesängen) singen in einem neuen Stil mit den subtilsten Farbentönen des Orchesters vereint, als ob es das Ergebnis der Seelenbewegung einer längstvergangenen Zeit wäre. So ist es immer mit den echten Kunstwerken, die Stoffe alten Kulturen entnehmen und deren allgemein menschlicher Kerninhalt in den verschiedenen Kulturperioden der gleiche bleibt.

Wie Mahler in diesem Zyklus und in einzelnen Liedern die Lebensprobleme in verschiedener Weise künstlerisch faßt und von der tondichterischen Seite sich ihnen zu nähern sucht, so sind seine Symphonien von gleichem Inhalt erfüllt — nur in größeren Dimensionen und auf ausschließlich musikalischem Boden erbaut, dort und da zum Worte, zur menschlichen Stimme greifend, als einer willkommenen Verdeutlichung der künstlerischen Strebungen und Absichten, als einer Assoziation des ähnlich oder gleichartig zum Vorschein kommenden Stimmungs- und Gedankenausdruckes, als einer Vervollkommnung und Bereicherung des sinnlichen Klanges im Dienste der Mitteilung des Seelischen. Dann werden die Phrasen der Instrumentalstimmen übergangslos von den Singstimmen übernommen oder umgekehrt — es ist Eine Weise, in die sich die Instrumente und die menschliche Stimme als Instrument teilen — wie in seinem „Lied von der Erde", so in seinen Symphoniesätzen mit Gesang. Man sehe sich darauf hin etwa den vierten Satz der „Dritten" oder die ganze „Achte" an. Ich möchte diese Symphonien als kosmische Kunstwerke bezeichnen. Natur und Leben, Werden und Vergehen, Zeit und Ewigkeit, Tag und Nacht werden in Consymbole gefaßt. Die Stimmen der Tiere des Waldes ertönen, die Stimme des Rufers in der Wüste erschallt, die Schreie, das Stöhnen, Kreischen und Achzen, das Jubeln wird vernehmbar, die „Juchezer" in freier Natur und das Jubilieren am offenen Markt und Platz, die stillen Heimlichkeiten in engen Gassen und Räumen. Die Freuden im Diesseits und die erträumten und im Glauben ersehnten „himmlischen Freuden" des Paradieses werden besungen und verklärt. In der Mehrzahl seiner Symphonien ringt sich der Künstler durch Kämpfe und Trauerklänge zur Befreiung vom Leid empor, wie in der „Ersten", „Zweiten", „Dritten", „Fünften", „Siebenten". Diese Befreiung ist verschieden geartet; nur in der „Ersten" gelangt der Weltwanderer zu einem Siege, zu einem „Triumphale", in der „Fünften" ringt sich der Strebende zum Ideal empor, das ihm schon im ersten Satz wie verschleiert vorschwebt, in der „Siebenten" ent=

hüllt sich ihm endlich strahlendes Sonnenlicht. In der „Zweiten" erreicht der Trauernde nach Verzweiflung und im Sehnen nach Gott und Liebe den Glauben, nicht im konfessionellen Sinne, wohl den Glauben an die Allmacht der Liebe. Der höchste Rätselschluß ist bei Mahler die reine Liebe zu Gott, Mensch und Natur, wie im Schlußsatz der „Dritten" des Lebens Harmonie in der Hingabe sich verklärt. Die „Achte" bringt gleichsam die Erfüllung der „Zweiten": da ist alles auf das „accende lumen sensibus, infunde amorem cordibus" auf Licht und Liebe, als den Kernpunkt alles Daseins, gerichtet. „Vierte" und „Sechste" stehen im absoluten Gegensatz zueinander, dort die Freude, Behaglichkeit in verschiedensten Nuancen und Abstufungen, hier die unerbittliche Tragik, die zum Untergang führt. In der „Neunten" nimmt der Künstler nach wechselnden Bildern des Daseins von diesem Abschied, sie schließt „ersterbend". Überhaupt kommen in jeder Symphonie entsprechend dem Wechsel im irdischen Leben, im Weben und Walten der Natur die mannigfaltigsten, einander ablösenden Seelenstimmungen zum Ausdruck. Kontraste stoßen aneinander, wie in der Wirklichkeit des Daseins. Eine fast verwirrende Menge von Gesichten wechselt und schiebt sich aneinander. Sie sind eingegliedert nach den Forderungen formaler Behandlung und der notwendigen Abwechslung in der Folge der Sätze des Zyklus zu einer Symphonie. Manchmal vertauscht er die übliche Folge (so besonders in der „Neunten", da zwei langsame Sätze zwei schnelle umschließen) im Dienste der poetischen Grundidee, die keine realen Forderungen in programmatischer Beziehung stellt, nur rein musikalisch sich einfügt und so erkennbar ist. Auch in den düster gehaltenen Sätzen tauchen ruhigere Momente auf in Erfüllung unabweisbarer Forderungen tonkünstlerischer Behandlung. Wollte man jede der neun Symphonien in ihrem seelischen Verlaufe verfolgen, so müßte eine Detailanalyse gegeben werden, die das Maß des hier zu Bietenden weit überschreiten würde und vielleicht den, der sich daran wörtlich hielte, in unnötiger Weise binden und der freien Auffassung Fesseln anlegen würde. Denn die psychische Ausdeutung hat mehrfache Möglichkeiten, fast unendliche Varietäten, und dies ist ein Vorzug musikalischer Werke. Manchmal fühlt sich der das Werk Aufnehmende so gestimmt, wie der Konzipierende beim Schaffen — ja sogar dieselben Bilder oder Poesien tauchen auf. Allein solch Zufall kann nicht die Bedingung für das Verständnis sein.

Bei den Mahlerschen Symphonien wird das Verständnis insofern erschwert: vorerst, weil so sehr jede für sich steht, alle mehr oder weniger zusammengehören, sich gegenseitig ergänzen, sogar in Gruppen einander gegenüberstehend wie die „Zweite", „Dritte", „Vierte" gegenüber der

"Fünften", "Sechsten" und "Siebenten", die erstere Gruppe mehr dem religiösen Gebiet angehörend, wie die "Achte", die zweite Gruppe mehr dem Irdischen zugewendet. Ferner weil die Sätze der einzelnen Symphonien in Abteilungen zusammengezogen und endlich weil die Sätze einer und derselben Symphonie miteinander motivisch verbunden sind. Die tonpoetische Deutung dieser Zusammenhänge verlangte Spezialuntersuchungen, die sich auch mit den Grundfragen symphonischen Schaffens zu beschäftigen hätten. Gleiche Motive gelangen an verschiedenen Stellen verschiedener Sätze und Symphonien zu mannigfach abwechselnder Bedeutung und stellen doch einen inneren Zusammenhang her. So stellt sich, um nur noch einen Fall zu erwähnen (von motivischen Beziehungen der "Dritten" und "Vierten" war schon die Rede), das Finale der "Fünften" neben das der "Siebenten", schon äußerlich in der Weiterführung der Rondoform. Die Gründe für die Zusammenziehung einzelner Sätze einer Symphonie in Abteilungen sind teilweise äußere — wegen der Ausdehnung eines Satzes und der relativen Kürze anderer — teilweise innere, wegen der engen Zusammengehörigkeit. In der "Zweiten" hat der zweite Satz erst "nach einer Pause von mindest fünf Minuten" einzusetzen, und dann gelangt der dritte, vierte, fünfte fast ohne jede Unterbrechung zur Aufführung. In der "Fünften" sind drei Abteilungen: die erste (der erste und zweite Satz thematisch im Zusammenhang) und dritte (der vierte und fünfte Satz ebenso thematisch zusammenhängend) umschließen die zweite Abteilung (den dritten Satz „Scherzo"). In der „Siebenten" ist der zweite Teil aus drei Sätzen gebildet (den Nachtmusiken), der eingeschlossen wird vom ersten Satz als erstem und dem letzten Satz (Rondofinale) als drittem Teil. Dies alles wäre aus dem Organismus der Zyklen zu erklären. In verschiedener Weise sind die motivischen Verbindungen der einzelnen Sätze einer Symphonie hergestellt. Dies läßt sich bei allen Symphonien nachweisen. Da gelangt ein Thema erst in einem nachfolgenden Satz zu wahrer Geltung, das Streben und Sehnen gelangt zu seinem Ziel, dort wird ein Thema in schmerzvoller Erinnerung an Vergangenes angeschlagen, dann verändert es sich, wechselt in Haltung und Charakter, erscheint wie ein Zerrbild oder in Verherrlichung. Die Schwierigkeit der Aufnahme der Mahlerschen Symphonien wird endlich noch gesteigert durch ihre Ausdehnung und die Dauer der Aufführung. Es war bis zum Datum der Erstaufführung der „Dritten" wohl nichts Gewöhnliches, daß eine Symphonie zwei Stunden in Anspruch nimmt (der erste Satz nach Angabe der Partitur allein 42 Minuten das Finale 22 Minuten). Jede von ihnen (mit Ausnahme der „Ersten") kann einen Konzertabend ausfüllen (im Durchschnittsmaß von $1^1/_4$ bis $1^1/_2$ Stunden); einzelne verlangen ihn, so die „Zweite", „Dritte" und „Achte". Das Merkwürdige ist, daß ich selbst von Gegnern der Mahlerschen Richtung — welche hätte sie nicht! — nie darüber klagen hörte, daß sie sich gelangweilt hätten. Die Werke halten den Hörer in Spannung, ob Freund oder Feind. Immerhin gehören einige zu den gangbareren, andere zu den schwerer oder schwer erringbaren Werken der Tonkunst. Ich möchte sie nicht bezeichnen und unterscheiden, weil die heute beliebteren in Zukunft die weniger aufgeführten sein können und umgekehrt. Dies ist kein seltener Fall in der Geschichte der Musik — vielleicht sogar der reguläre. Die Statistik der Aufführungen ergibt bisher folgende Reihenfolge: „Vierte" (seit 1901) 61 mal, „Zweite" (seit 1895) 44 mal, „Erste" (seit 1889) 44 mal, „Dritte" (seit 1896) 33 mal, „Fünfte" (seit 1904) 22 mal, „Achte" (seit 1910) 21 mal, „Sechste" (seit 1906) 21 mal, „Neunte" (seit 1913) 3 mal, wobei mit Hinblick auf die Daten der Entstehung und Erstaufführung die „Vierte" (in einem Jahre allein 17 mal), die „Zweite" (in einem Jahre 8 mal) und die „Achte" (in einem Jahre 13 mal) besonders hervortreten. Bei der letzteren, die vom Konzertunternehmer als „Symphonie der Tausend" (Mitwirkenden) bezeichnet wurde — eine Bezeichnung, die Mahler nichts weniger als sympathisch war — ist also der stark erhöhte

Anspruch an Mitteln der Verbreitung bisher nicht hinderlich gewesen. Die Aufführungen erstrecken sich auf folgende Länder (nach der Reihenfolge der Aufführungsziffer): Deutsches Reich, Österreich, Holland, Frankreich, Schweiz, Amerika, England, Finnland, Rußland, Italien, Schweden. Das „Lied von der Erde" ist seit 1911 in den drei erstgenannten Ländern 14 mal aufgeführt worden. Die „Achte" wurde in Deutschland 19 mal, in Österreich, Holland, Schweiz je einmal aufgeführt. Dieses Verhältnis rechtfertigt wohl schon äußerlich die Widmung des Werkes „An die deutsche Nation".

Die Werke Mahlers haben sich Schritt für Schritt das Terrain erobern müssen. Am Anfang ging es gar langsam vor sich. So sehr seine Muse ein Kind seiner Zeit war, so sehr aus der Seele seiner Kunst die Gegenwart spricht, so ist sie doch fern der Mode. Seine Tonsprache ist eindringlich, allein in ihren höchsten und letzten Äußerungen nicht leicht zugänglich. Die sonderbare Mischung des Naiven und Sentimentalen gibt Rätsel, die nicht leicht zu lösen sind. Seine Kunst wirkt beim ersten Eindruck da anziehend, dort abstoßend und muß liebevoll umworben werden. Das Groteske, Bizarre, Ironische, Parodistische in einzelnen Stellen und Sätzen kann leicht mißverstanden werden. Das hohe Pathos, der befreiende Humor, die zarte Heiterkeit heben über die Schroffheiten hinweg, die vielleicht einer kommenden Generation nicht als solche erscheinen. Diese edlen, vornehmen Eigenschaften sind ein Palladium, eine Schutzwehr gegenüber der in einzelnen Stellen und Teilen von manchen bisher empfundenen Überreizung und dem dort und da sich geltend machenden, in unserer Zeit im allgemeinen hervortretenden Hypersubjektivismus. Nur darf man sich den Symphonien vorerst nicht mit Hilfe des Klaviers nähern wollen: denn was orchestral möglich ist, klingt auf den Tasten nicht selten befremdlich. Nach dem, dem Kunstwerk entsprechenden Eindruck in der angemessenen Klangerscheinung läßt sich das weitere Studium in der üblichen Weise betreiben. Einwände gibt es überall, und am meisten dort, wo Neues, Selbständiges zutage tritt. Und Mahler hatte Weitblick. Im organischen Anschluß an das Überkommene baute er auf. Seine Produktion hat neben dem Eigenwerte auch Bedeutung für die Zukunft. Beethoven, Schubert, Bruckner, Brahms auf symphonischem Gebiete, Bach in der Polyphonie (seit der „Fünften"), Wagner, Liszt, Berlioz in orchestraler und tonpoetischer Beziehung sind die Stützen des Aufbaues des Mahlerschen Kunstwerkes, das auf dem Boden der österreichischen Volksmusik errichtet ist. Es reiht sich neben die Werke seiner fortschrittlichen Zeitgenossen, besonders neben die mehr programmatische Richtung von Richard Strauß und die mehr formalistische von Max

Reger. Diese drei sind die Hauptträger der Kunst der Zukunft. Mahlers Muse ist tonpoetisch die verklärteste und ideell dem Höchsten zustrebende. Ob und inwieweit eine besondere Schule sich an ihn anschließt, ist gleichgültig. Einen verwandten österreichischen Einschlag zeigen jüngere, wie Zemlinsky, Schoenberg, Schreker und jüngste wie E. W. Korngold. Die letzten Wege von Schoenberg und Anhang führen allerdings weit ab von ihrem Ausgangspunkte. Die Jugend liebt Mahler und seine Kunst, und so dürfte ihm das Recht auf Zukunft nicht genommen werden. Für seine Werke wirken Dirigenten, die sich an ihm herangebildet haben und in Verehrung sein Andenken wahren. So wird er der „Welt nicht abhanden kommen" und sein Leben wird der Nachwelt nicht mit einem unaufgelösten Vorhalte, mit dem „das Lied der Erde" am Ende schicksalsbange in die Zukunft blickt, sondern mit dem im Schlußsatze der „Neunten" von Moll zu Dur sich wendenden vollen Dreiklang (in der Tonart der Erhabenheit) nachklingen.

Chronologische Tabelle.

Geboren 7. Juli 1860 in Kalischt, Böhmen, an der mährischen Grenze, als zweitältestes Kind.

Eltern: Bernhard und Marie Mahler (geb. Hermann).

Vater (Kaufmann), geb. in Kalischt am 2. August 1827, gest. in Iglau am 18. Februar 1889.

Mutter, geb. am 3. März 1837 in Ledeč, gest. am 25. Oktober 1889 in Iglau.

Geschwister: Isidor, geb. 22. März 1858 (verunglückt als kleines Kind),

Ernst, geb. 1861, gest. 13. April 1874,

Leopoldine, geb. 18. Mai 1863, verehelichte Quittner, gest. 1889,

Louis (Alois), geb. 6. Oktober 1867,

Justine, geb. 15. Dezember 1868 (verehelicht mit Prof. Arnold Rosé in Wien),

Arnold, geb. 19. Dezember 1869,

Friedrich, geb. 23. April 1871, gest. 14. Dezember 1871 an Scharlach,

Alfred, geb. 22. April 1872, gest. 8. Mai 1873,

Otto, geb. 18. Juni 1873 (Musiker), gest. 1896,

Emma, geb. 19. Oktober 1875 (verehelicht mit dem Solovioloncellisten Eduard Rosé in Weimar),

Konrad, geb. 17. April 1879, gest. 9. Jänner 1881 an Diphtheritis.

Im Dezember 1860 Übersiedlung nach Iglau.

1866 erster Musikunterricht bei Theaterkapellmeister Viktorin und Klavierlehrer Brosch.

Besuch der Volksschule und von 1869 bis 1875 des Gymnasiums in Iglau (nur Wintersemester 1871 in Prag).

1875 nach Wien, Konservatorium der Gesellschaft der Musikfreunde. Klavier: Professor Julius Epstein; Harmonielehre: Professor Robert Fuchs; Kontrapunkt und Komposition: Professor Theodor Krenn (nach den Matrikeln 1876/7). Direktor: Josef Hellmesberger. Absolviert Juli 1878, preisgekrönt. Gymnasialstudien privat fortgesetzt, Matura in Iglau.

1877—79 Besuch der Universität Wien (philosophische, historische und musikhistorische Kollegien).

Frühwerke vernichtet, darunter Quintett für Streicher und Klavier (Scherzo mit erstem Preis gekrönt), Sonate für Klavier und Violine, Oper „Herzog Ernst von Schwaben".

1878 Klavierauszug der 3. Symphonie von Anton Bruckner, gewidmet Richard Wagner (erste Fassung), erschienen bei Bösendorfer und Rättig, Wien. Inniger Verkehr mit dem Meister, dessen Kolleg über Harmonielehre an der Universität Mahler sporadisch besucht.

1880 Sommer, Theaterkapellmeister in Hall (Ober-Österreich) mit monatlich 30 fl. Gehalt und 50 Kreuzern „Spielhonorar", leitet Operetten und Possen.

Herbst, Wien, Klavierstunden; abwechselnder Aufenthalt in Iglau.

1880 „Das klagende Lied", Dichtung und Musik, angefangen 1878, beendigt 1880 (1. Fassung). Umgearbeitet um 1898, erschienen 1899. Die Instrumentation revidiert in den Jahren nach 1900.

Oper „Argonauten", Dichtung (in Stabreimen) und Musik, unvollendet, vernichtet.

1881/2 Winter, Theaterkapellmeister in Laibach, Rückkehr nach Wien.

1882/3 Saison, Theaterkapellmeister in Olmütz, dann Chordirektor einer italienischen Stagione im Carltheater in Wien.

1882 Märchenspiel „Rübezahl", Dichtung und Musik (vernichtet).

Verschiedene Ansätze zu Orchesterwerken, darunter „Nordische Symphonie" (vernichtet).

Lieder, komponiert vor und um 1883, erschienen 1885 als 1. Heft der „Lieder und Gesänge aus der Jugendzeit".

R. Leander, „Frühlingsmorgen",
„   „Erinnerung",
Volkslied: „Hans und Grete",
Tirso de Molina, Serenade aus „Don Juan"
Tirso de Molina, Phantasie aus „Don Juan"
Gelegenheitskompositionen.

1883 Sommer, Besuch in Bayreuth („Parsifal").

1883 Königlicher Musikdirektor in Kassel.

1884 Dezember, Lieder eines fahrenden Gesellen, Dichtung und Musik, erschienen 1897:

Nr. 1 „Wenn mein Schatz Hochzeit macht",

Nr. 2 „Ging heut Morgen über's Feld",

Nr. 3 „Ich hab' ein glühend Messer in meiner Brust",

Nr. 4 „Die zwei blauen Augen von meinem Schatz".

Sommer 1885, Dirigent des Musikfestes in Münden.

Juli 1885, Probemonat Stadttheater in Leipzig, Verpflichtung für die Spielzeit 1886/7 (einstweilen verschoben). Entwurf der ersten Symphonie (als solche vom Komponisten bezeichnet). Musik zu lebenden Bildern nach Scheffels „Trompeter" (aufgeführt in Kassel, Mannheim, Wiesbaden, Karlsruhe).

1885 August, Zweiter Kapellmeister am Deutschen Theater in Prag neben Slansky (Direktor Angelo Neumann).

1886 Sommer, Zweiter Kapellmeister im Stadttheater in Leipzig neben Arthur Nikisch (Direktion Staegemann).

1887 Selbständige Bearbeitung und Einrichtung der Skizzen von Carl Maria von Webers „Drei Pintos", erschienen unter dem Titel „Die drei Pintos, komische Oper in drei Aufzügen von C. M. v. Weber, unter Zugrundelegung des gleichnamigen Textbuches von Th. Hell, der hinterlassenen Entwürfe und ausgewählter Manuskripte des Komponisten ausgeführt: der dramatische Teil von C. v. Weber (Sohn), der musikalische von Gustav Mahler". Zum erstenmal in Leipzig aufgeführt am 20. Jänner 1888 (hierauf in vielen deutschen Städten, in Wien, Jänner 1889).

1888 8. Oktober, Direktor der königlich=
ungarischen Oper in Budapest mit
Kontrakt für 10 Jahre [Jahresgehalt
10.000 Gulden] (Intendant Stefan v.
Beniczky).

Lernt „Des Knaben Wunderhorn,
alte deutsche Lieder, gesammelt von
L. Achim v. Arnim und Clemens Bren=
tano, 1806/08" kennen. Fortlaufend die
Komposition einer Reihe von Gedichten
in den nachfolgenden Jahren (bis 1900),
und zwar:

komponiert vor 1892 (erschienen 1892
als II. und III. Heft der „Lieder und
Gesänge aus der Jugendzeit"):

II. 1. „Um schlimme Kinder artig zu
machen"; 2. „Ich ging mit Lust durch
einen grünen Wald"; 3. „Aus! Aus!";
4. „Starke Einbildungskraft".

III. 1. „Zu Straßburg auf der Schanz";
2. „Ablösung im Sommer"; 3. „Schei=
den und Meiden"; 4. „Nicht Wieder=
sehen!"; 5. „Selbstgefühl";

ferner:
„Der Schildwache Nachtlied",
„Verlorene Müh'",
„Trost im Unglück",
„Wer hat dies Liedlein erdacht",

„Lied des Verfolgten im Turme",
„Lob des hohen Verstandes",
„Urlicht" (Altsolo aus der 2. Symphonie 1893/4),
„Des Antonius von Padua Fischpredigt" (Scherzo der 2. Symphonie),
„Das irdische Leben",
„Wir genießen die himmlischen Freuden" (4. Symphonie 1894),
„Rheinlegendchen",
„Es sungen drei Engel einen süßen Gesang" [Frauenchor in der 3. Symphonie, für eine Singstimme eingerichtet] (1895),
„Wo die schönen Trompeten blasen",
„Reveglie" (1899, erschienen 1905),
„Der Tambourgesell" (erschienen 1905).

1888 Vollendung der ersten Symphonie, 1. Aufführung 1889 im philharmonischen Konzert in Pest, erschienen 1898.

1891 13. März, verläßt die Pester Oper. Intendant: der einarmige Klaviervirtuose und Komponist Graf Géza Zichy. (Rücktrittsvergütung 25.000 fl.) Berufung als Erster Kapellmeister des Stadttheaters in Hamburg (Direktor Pollini). Antritt: 1. April.

1892 Sommer, Leitung deutscher Opernaufführungen im Drury Lane-Theater in London.

1893 Sommer, Steinbach am Attersee (auch in den Jahren 1894, 1895, 1896).

1894 Juni, beendigt die zweite Symphonie, deren Anfänge sieben Jahre zurückreichen, erschienen 1896, 1. Aufführung 1895 in Berlin.

1895 August, Entwurf der dritten Symphonie beendigt, fertiggestellt Sommer 1896, erschienen 1898, 2. und 3. Satz zum erstenmal aufgeführt 1896 Berlin (Weingartner), das ganze Werk 1902 am Tonkünstlerfest des Allgemeinen Deutschen Musikvereins in Krefeld.

1897 1. Mai, Kapellmeister am k. k. Hofoperntheater in Wien.

21. Juli, betraut mit der Stellvertretung des Direktors Jahn.

8. Oktober, artistischer Direktor des k. k. Hofoperntheaters, anfangs 24.000, dann 36.000 Kronen Jahresgehalt.

1900 Sommer, Mayernigg am Wörther See, auch die folgenden Sommer bis 1907. Vierte Symphonie beendigt, begonnen Sommer 1899 in Aussee, erschienen 1901, 1. Aufführung 1902 in München (Kaimorchester).

1900/02 Zyklus der „Kindertotenlieder" nach Rückert, das 1., 2. und 3. 1900/01, das 4. und 5. 1901/02, erschienen 1905:
1. „Nun will die Sonn' so hell aufgehn",
2. „Nun seh ich wohl, warum so dunkle Flammen",
3. „Wenn dein Mütterlein",
4. „Oft denk ich, sie sind nur ausgegangen",
5. „In diesem Wetter!"

zum erstenmal aufgeführt 1905 in Wien.

1901/02 Fünf Lieder nach Rückert, erschienen 1905:
1. „Blicke mir nicht in die Lieder",
2. „Ich atmet' einen linden Duft",
3. „Ich bin der Welt abhanden gekommen",
4. „Um Mitternacht",
5. „Liebst du um Schönheit".

1902 Fünfte Symphonie beendigt, begonnen 1901, erschienen 1905, 1. Aufführung 1904 in Köln (Gürzenich).

10. März, Vermählung mit Alma Maria Schindler, Tochter des Landschaftsmalers Jakob Emil Schindler, Stieftochter des Malers Karl Moll.

Kinder: Maria Anna, geb. 3. Nov. 1902, gest. 5. Juli 1907;

❁❁❁❁❁❁❁❁❁❁❁❁❁❁❁❁❁

Anna Justina, geb. 15. Juni 1904.

1904 Beendigung der sechsten Symphonie, begonnen 1903, erschienen 1905, 1. Aufführung 1906 in Essen beim Tonkünstlerfest des Allgemeinen Deutschen Musikvereines.

1905 Beendigung der siebenten Symphonie, begonnen 1904, erschienen 1908, 1. Aufführung 1908 Prag (Ausstellung).

1906/07 Achte Symphonie, erschienen 1910, 1. Aufführung in München am 12. September 1910.

1907 Dezember, Rücktritt von der Wiener Oper (ah. Entschließung vom 5. Oktober). Am 15. Oktober dirigierte er zum letztenmal „Fidelio".

9. Dezember, Antritt der ersten Reise nach Amerika; dirigiert in New York Opern von Mozart und Wagner, Leitung von Konzerten.

1908 Sommer, in Altschluderbach bei Toblach, auch die folgenden Sommer 1909, 1910. Sommer, Vollendung des „Lied von der Erde". Zum erstenmal aufgeführt. November 1911 (München unter Bruno Walter).

1908/09 Wintersaison, zweiter Aufenthalt in Amerika, Bildung einer Philharmonic Society.

1909 Neunte Symphonie fertiggestellt, begonnen 1908, erschienen 1912, zum erstenmal aufgeführt Juni 1912 (in der Wiener Musikwoche unter Bruno Walter).

1909/10 Skizzen zur Zehnten Symphonie (unvollendet).

1910/11 Saison, dritter Aufenthalt in Amerika, dirigiert 48 von den 65 vereinbarten Konzerten.

1911 21. Februar, dirigiert zum letztenmal. Erkrankung. Anfang April Überfahrt nach Paris, dann Heimkehr nach Wien. 18. Mai, nachts 11 Uhr, Tod. Begraben am Friedhof in Grinzing.

Alle Werke von Gustav Mahler sind im Verlage der „Universal-Edition" in Wien erschienen oder sind in ihren Verlag übernommen worden, mit Ausnahme der 5. Symphonie, die bei C. F. Peters erschien und in diesem Verlage blieb.

Eine Bronzebüste ist von Auguste Rodin in zweifacher Ausführung, eine Portraitplakette von Alfred Rothberger angefertigt, eine Radierung von Fritz Erler, ein Bild von Emil Orlik ausgeführt, die Totenmaske von Karl Moll aufgenommen. 22 Schattenrißbilder von Otto Boehler. Unter den Karikaturen sind die Blätter von Oskar Garvens und Lindloff erwähnenswert.

✿✿✿✿✿✿✿✿✿✿✿✿✿✿✿✿✿✿✿✿✿✿

Im übrigen ist eine große Zahl von Photographien zu verzeichnen. Reproduktionen findet man u. a. in der „Musik" (Schuster & Löffler), Jahrgang I, Heft 7 und 17, Jahrgang IV, Heft 4, Jahrgang V, Heft 16, Jahrgang VII, Heft 9 und 15, Jahrgang X, Heft 18.

www.ingramcontent.com/pod-product-compliance
Lightning Source LLC
Chambersburg PA
CBHW021715230426
43668CB00008B/840